Feel **GOOD** *With* **FOOD**

From NYC with Love: 100 Rezepte, die dein Leben verändern

CHRISTIAN

Book Club
THE NEXT CHAPTER
THIS MOTHER'S DAY
METERED FARE
FLAT FARE JFK
78

INHALT

Für Tilly, Ollie und Marcel

Meine Versuchskaninchen und die Liebe meines Lebens.
Danke für die grenzenlose Fantasie und Neugier, die ihr in mir weckt.
Ihr seid mein Ein und Alles.

WILLKOMMEN IN MEINER REGENBOGENKÜCHE

Wir essen jeden Tag - mindestens dreimal. Im Laufe eines Lebens nimmt der durchschnittliche Mensch etwa 80.000 Mahlzeiten zu sich. Wie viele Mahlzeiten hast du gegessen, die überwiegend aus Obst und Gemüse bestanden haben? Nicht nur als Beilage? Wir sind oft so mit unserem Alltag beschäftigt, dass wir leicht den Überblick darüber verlieren, wie viele Tage ohne frisches Obst und Gemüse vergangen sind.

Die Ernährung hat einen erheblichen Einfluss auf unsere Gesundheit. Es ist wirklich wichtig, was wir essen.

Jetzt ist es an der Zeit, für ein Gleichgewicht in deiner Ernährung zu sorgen. Jetzt ist es an der Zeit, Lebensmittel zu dir zu nehmen, die dein Wohlbefinden wirklich verbessern. Wenn du gesund sein, gesund bleiben und außerdem ein langes Leben führen möchtest, geht es JETZT darum, mehr Obst und Gemüse in deinen Alltag zu integrieren! Und das Wichtigste: nicht nur hier und da - JEDEN TAG. Mehrmals am Tag. Ich freue mich so sehr, dich dabei zu begleiten!!!

DAS WICHTIGSTE VORAB:

In meinem Buch findest du keine Kalorienangaben. Es handelt sich NICHT um einen DIÄTRATGEBER - auch das MO•AI-DETOX IST KEINE DIÄT. Es ist eine Entscheidung für dich! Für deine Gesundheit. Für mehr Energie.

Was also findest du hier?

Inspiration pur! Ich will dir zeigen, dass es einen großen Unterschied macht - WAS du isst. Du wirst kein Schema F finden, nach dem du dich nun ernähren sollst - vielmehr will ich dir zeigen, wie gut du dich fühlen kannst, sodass du gar nicht mehr anders essen magst.

Ich habe die Marke MO•AI 2020 gegründet, weil ich realisiert habe, dass meine Art zu essen mein Leben verändert hat, und ich möchte jeden inspirieren, die gleiche Transformation zu erleben. Essen IST Medizin, und ich freue mich sehr, diese kraftvolle Ernährung nun mit dir zu teilen. Jeder verdient es, sich besser als nur okay im eignen Körper und Geist zu fühlen. Und alles ohne erhobenen Zeigefinger!

Alles Liebe

DIE
MO•AI
IDEE

01

MEIN WARUM

Ich habe fast zehn Jahre lang als Diplom-Modedesignerin für eines der größten Unternehmen in Deutschland gearbeitet. Ich habe meinen Job geliebt. Kreativität in hohem Tempo und viele Reisen. Meine absolute Leidenschaft. Früh aufstehen. Lange Arbeitszeiten und -tage.

Die Kehrseite: Ich hatte Probleme, schwanger zu werden, und als ich endlich schwanger war, hatte ich leider zwei Fehlgeburten. Als wir 2015 nach NYC zogen, war ich gezwungen, das Tempo zu drosseln. Ich hatte keine Arbeitsgenehmigung und somit die Möglichkeit, meiner Leidenschaft nachzukommen: Ich praktizierte jeden Tag Yoga. Es ist keine große Überraschung, dass ich nach zwei Monaten schwanger wurde. Die Meditation entdeckte ich als eine Möglichkeit, meine Angst vor einer weiteren Fehlgeburt zu bekämpfen.

Ich hatte Lust auf mehr und machte die Yogalehrerausbildung. Ich habe es wirklich geliebt!
Mehr über die Verbindung von Atem und Bewegung zu lernen, war so hilfreich für mich. Als ich im achten Monat schwanger war, entschied ich mich, auch die Ausbildung zur Pränatal-Yogalehrerin zu machen. Endlich hatte ich eine Arbeitserlaubnis, und es machte mir wahnsinnig viel Spaß, werdende Mütter zu unterrichten. Es war eine große Freude, sie geistig und körperlich für die Mutterschaft zu stärken.

Zum ersten Mal recherchierte ich in dieser Zeit außerdem, wie ich meinen Körper, in dem ein winziger Mensch wuchs, bestmöglich ernähren sollte. Als ich mein zweites Kind bekam, wollte ich noch tiefer eintauchen. Ich wollte mehr über Ernährung lernen. Ich liebte es, Etiketten zu lesen, und war immer auf der Suche nach den besten und gesündesten Snacks für Kinder. Bio. Ohne Zuckerzusatz. Kurze Inhaltsstofflisten.

Also schrieb ich mich am Institut für Ernährung, dem IIN NYC, ein und wurde Health Coach. Doch das war erst der Beginn meiner Reise: Ich habe außerdem am Natural Healing Institute (NHI CA) Ernährung studiert und mich zum Certified Nutritionist Consultant (CNC) weiterbilden lassen.

Und weil das Thema Detox mich schon immer wahnsinnig fasziniert hat, habe ich bei der Ernährungsberaterin und Detox-Expertin Natalia Rose eine Intelligent-Detox-Counseling-Weiterbildung gemacht.

Meine Leidenschaft ist es, andere zu inspirieren und zu zeigen, dass es Spaß macht, ein gesundes Leben zu führen.

Es gibt keine Lebensmittelpolizei oder Lebensmittelhölle. Es geht darum, mehr echte, unverarbeitete Lebensmittel und weniger verarbeitete und verpackte Lebensmittel zu essen.

Ich hoffe so sehr, dass du hier viele gesunde Rezepte findest, die dafür sorgen, dass du dich jeden Tag auf eine gesunde Ernährung freust!

Du bist nicht allein! Lass uns gemeinsam gesund sein.

MEINE MO•AI KÜCHE: ISS DEN REGENBOGEN

Warum MO·AI? Es gibt fünf Orte auf der Welt, an denen die Menschen am längsten und am gesündesten leben – die sogenannten »BLUE ZONES«.

Eine davon liegt in Japan. In kleinen Nachbarschaften auf der Insel Okinawa treffen sich Freunde zu einem gemeinsamen Zweck – um Klatsch und Tratsch auszutauschen, über das Leben zu philosophieren, um Ratschläge zu geben und zu erhalten. Sie nennen diese Gruppen MOAI. Seit ich darüber gelesen habe, hatte ich die Vision, eine virtuelle Gemeinschaft zu gründen: MO•AI.

MO•AI ist eine Gemeinschaft, die ein gesünderes Leben einfach und unkompliziert macht. Eine Gemeinschaft, in der sich alle gegenseitig unterstützen und die stolz macht dazuzugehören. Better together.

Darauf kommt es in meiner Regenbogenküche an: Obst und Gemüse erhalten ihre Farben durch Antioxidantien und Vitamine. Ich baue gerne so viele Farben wie möglich in meine Rezepte ein, um das breiteste Vitaminspektrum für eine vollständige und optimale Ernährung zu gewährleisten. Und essen macht so viel mehr Spaß, wenn die Mahlzeiten bunt sind!

Je mehr Farbe, desto mehr Nährstoffe. Die Farben von pflanzlichen Lebensmitteln sind das Ergebnis der Pigmente, die von Natur aus in den Lebensmitteln enthalten sind. Chlorophyll (grün), Flavonoide (gelb, rot, blau und violett), Karotinoide (gelb, orange, rosa und rot) und Betalane (rot, violett) sind für die verschiedenen Farben und den entsprechenden Nährwert verantwortlich. Deine neue Routine: Zähle keine Kalorien! Ab jetzt werden Farben gezählt.

NÄHRSTOFFE ZÄHLEN, NICHT KALORIEN

Anstelle von Kalorien zähle ich Vitamine, Nährstoffe, Mineralien und Farben. Nicht alle Kalorien sind gleich. Ich liebe es, mich darauf zu konzentrieren, wie man sich mit Essen fühlt. Frei nach dem Motto: Qualität statt Quantität.

FOKUS AUF PFLANZEN

Eine pflanzliche, vollwertige Ernährung unterstützt die Selbstreinigungskräfte deines Körpers und liefert die Nährstoffe, die helfen, den Reset-Knopf zu drücken. Wenn du langfristige Ergebnisse erzielen möchtest, ermutige ich dich, dich die meiste Zeit auf diese Weise zu ernähren – aber das bedeutet nicht, dass du nicht auch mal ein Glas Wein trinken oder Kekse essen darfst. Wir sind alle nur Menschen!

BIO

Bioprodukte sind frei von Chemikalien, Pestiziden, Antibiotika, Wachstumshormonen und genetisch veränderten Organismen – im Grunde frei von allem, von dem bekannt ist, dass es für den Menschen giftig ist. Klingt gut, oder?

GLUTENFREI

Eine glutenfreie Ernährung kann viele gesundheitliche Vorteile mit sich bringen, insbesondere für Menschen mit Zöliakie. Sie kann helfen, Verdauungsbeschwerden zu lindern, chronische Entzündungen zu reduzieren und die Energie zu steigern. Aber auch für Menschen, die Gluten ohne Probleme vertragen, lohnt es sich, die Menge an Gluten zu reduzieren oder von Zeit zu Zeit eine Pause einzulegen. Du wirst überrascht sein, wie gut du dich ohne Gluten fühlst.

TIPPS UND TRICKS - MEINE TOP 3

»Ich will mich unbedingt gesünder ernähren, aber ich habe keine Zeit.«
Diesen Satz höre ich wahnsinnig oft – mein Tipp: VORBEREITUNG.
Hier sind meine Lieblingstipps zum Thema Meal Prep:

1. GEMÜSE SOFORT ABWASCHEN UND SCHNEIDEN

Wasche und schneide dein Obst und Gemüse direkt nach dem Einkauf, damit du es jederzeit verwenden kannst. Bewahre das gewaschene und geschnittene Obst und Gemüse in Edelstahl- oder Glasbehältern im Kühlschrank auf. Auf diese Weise kannst du es sofort als Rohkost snacken, zu Salaten verarbeiten, im Ofen rösten oder in der Pfanne dünsten. Zu stressig? Dann starte nur mit dem Waschen. Mach es zu deiner neuen Routine, nach dem Einkaufen sofort alles zu waschen. Du wirst überrascht sein, was diese kleine Routine für einen großen Unterschied macht.

2. MACH MEHR!

Wenn du einen Salat zubereitest oder Gemüse brätst, solltest du genug für zwei Mahlzeiten oder mehr auf einmal vorbereiten. Auf diese Weise sparst du Zeit für das nächste Mal und musst nicht wieder bei null anfangen. Besonders bei den Beilagen lohnt es sich, gleich drei bis vier Portionen auf einmal zu machen. Reis oder Quinoa beispielsweise kannst du prima vorkochen und mehrere Tage im Kühlschrank aufbewahren. Beides eignet sich hervorragend für eine schnelle Bowl, da sie eine gute Quelle für Ballaststoffe, Phytonährstoffe und gute Kohlenhydrate sind.

3. EINFACHE ERGÄNZUNGEN ZUR HAND HABEN

Niemand will jeden Tag das Gleiche essen. Einige praktische Ergänzungen zu deinen Gerichten sind eingelegtes Gemüse, Kalamata-Oliven oder marinierte Bohnen.
Ich liebe es auch sehr, Kichererbsen mit Olivenöl, Salz, Pfeffer und Dill zu marinieren und sie dann im Kühlschrank aufzubewahren, um sie direkt einem Salat beifügen zu können. So kannst du deine vorbereiteten Gerichte toll variieren.

EINKAUFSLISTE BASICS

Hier ist eine Liste an Lebensmitteln, die ich immer in meiner Küche vorrätig habe.

OBST UND GEMÜSE

Zitronen
Äpfel
Ananas
Baby- oder Blattspinat
Beeren (in der Saison)
Grünkohl
Gurken
Karotten
Knoblauch
Limetten
Mangos
Rosenkohl
rote Zwiebeln
Stangensellerie
Süßkartoffeln

TIEFGEKÜHLTES

Ananas
Brokkoli
Erbsen
Mangos
wilde Heidelbeeren und verschiedene andere Beeren

KRÄUTER (FRISCH ODER TIEFGEKÜHLT)

Basilikum
Koriander
Minze
Schnittlauch

GEWÜRZE

Bourbon-Vanillepulver (oder Vanilleextrakt)
Curry
Kurkuma
Oregano

IN DER DOSE

Kichererbsen
Kokosmilch
schwarze Bohnen
weiße Bohnen

IM GLAS

Ahornsirup
Dattelsirup
Erdnussbutter
Haselnussmus
Mandelmus
Senf (ohne Zucker)
Tahini (Sesammus)

NÜSSE / GETROCKNETE FRÜCHTE

Cashews
getrocknete Aprikosen
Haselnüsse
Kokosraspel
Mandeln
Medjool-Datteln
Pistazien
Walnüsse

SAATEN

Chiasamen
Kürbiskerne
Mohn
Sesamsaat
Sonnenblumenkerne

MILCHERSATZ

Cashewdrink
Kokosmilch (aus der Dose)
Kokosdrink (aus dem Tetra Pak)
Mandeldrink

ESSIG / ÖLE

Balsamico (Achtung! Ohne Zucker und Farbstoff!)
Kokosöl
Olivenöl
Reisessig
Sesamöl

BASICS

braune Linsen
gepuffte Quinoa (oder Amarant)
gepuffter Vollkornreis
glutenfreies Mehl (z. B. Mandel- oder Kokosmehl)
Quinoa
rote Linsen
verschiedene Pasta
Vollkornreis

WEITERE EINKAUFSTIPPS

Diese Produkte vermeide ich in der Küche

1

Alle Lebensmittel mit Zutaten, die schwer auszusprechen sind! Dahinter verbergen sich meist Zusatzstoffe und leere Kalorien. Meine Lieblingsfaustregel: »Wenn du es nicht aussprechen kannst, iss es nicht.«

2

Alles, was es zu Zeiten deiner Großmutter noch nicht gab.
Vor hundert Jahren brauchten wir kein Etikett, um zu wissen, dass unsere Lebensmittel aus der Region, aus biologischem Anbau oder aus Grasfütterung stammten - alle Lebensmittel waren ganz, echt und unverarbeitet.

3

Finger weg von Lebensmitteln mit mehr als fünf Zutaten auf dem Etikett - es sei denn, es handelt sich um Dinge, die du kennst, wie zum Beispiel: Tomaten, Wasser, Basilikum, Oregano und Salz.

4

Alles, was irgendwelche komischen Zusatzstoffe, Konservierungsmittel oder Farbstoffe enthält. E und eine Zahl? Schlechtes Zeichen ...

5

Alles, was künstliche Süßstoffe enthält. Es wird empfohlen, Aspartam, Sucralose, Zuckeralkohole wie Maltitol und alle anderen häufig verwendeten und vermarkteten Süßstoffe zu meiden - es sei denn, du willst deinen Stoffwechsel verlangsamen, zunehmen und süchtig werden.

6

Zucker als erster Inhaltsstoff ist ein schlechtes Zeichen. Die erste aufgelistete Zutat hat den größten Anteil am Gewicht. Die zuletzt aufgeführte Zutat hat demensprechend den geringsten Anteil.

SO KANNST DU EINZELNE ZUTATEN *ERSETZEN*

Einer Vielzahl an Gemüsesorten, Vollkornprodukten und Hülsenfrüchten wird nachgesagt, dass sie die Darmgesundheit fördern. Die Forschung legt außerdem nahe, dass der Verzehr einer großen Vielfalt von Lebensmitteln, insbesondere von pflanzlichen Lebensmitteln, zu einem gesunden Darmmikrobiom beitragen kann.

Das ist wichtig, weil viele Mikroorganismen im Darm leben. Deshalb habe ich versucht, eine große Vielfalt an gesunden Zutaten in meinen Rezepten abzubilden. Falls du etwas im Laden nicht finden kannst oder aufgrund von Allergien etwas ersetzen musst, sind hier einige Vorschläge:

TAHINI (SESAMPASTE)

Mandel- oder Cashewbutter sind die ähnlichsten Ersatzstoffe, diese Optionen sind allerdings etwas süßer als Tahini. Wenn du eine Nuss- oder Samenbutter kaufst, achte darauf, dass sie kein zusätzliches Öl enthält. Am besten sollten auch keine weiteren Zutaten wie Zucker, Konservierungs- oder Farbstoffe auf der Zutatenliste stehen. Je weniger Inhaltsstoffe, desto besser!

KOKOSNUSS-AMINOS (WÜRZSAUCE)

Wenn du ganz auf Soja verzichten musst (bei einigen meiner Familienmitglieder löst es Kopfschmerzen aus, also achte genau darauf, wie dein Körper reagiert), kannst du Kokos-Aminos als sojafreien Ersatz verwenden. Es ist weniger salzig als Tamari (glutenfreie Sojasauce), also würze das Essen in diesem Fall nach deinem Geschmack mit mehr Salz. Wenn du nicht glutenfrei oder sojafrei essen musst, kannst du auch normale Sojasauce oder Tamari verwenden.

KREUZBLÜTLER-GEMÜSE

Fein gehobelter Rot-, Weiß- oder Rosenkohl lässt sich leicht gegeneinander austauschen. Dasselbe gilt für Blumenkohl und Brokkoli.

ROTE LINSEN

Diese Linsen kochen schneller als alle anderen Linsensorten, daher können sie nicht ausgetauscht werden, ohne die Kochzeit anzupassen. Grüne und schwarze Linsen müssen beispielsweise doppelt so lange kochen wie rote Linsen. Zusatztipp: Warte mit dem Salzen, bis die Linsen weich sind. Das Salz verlängert nämlich die Kochzeit.

BOHNEN / KICHERERBSEN

Schwarze Bohnen, weiße Bohnen, Pinto-Bohnen und Kichererbsen können alle gegeneinander ausgetauscht werden. Der Hauptunterschied besteht darin, dass Kichererbsen nicht ganz so cremig sind, wenn sie püriert werden, sodass sie für eine dipähnliche Konsistenz etwas mehr Flüssigkeit (z. B. Wasser) benötigen. Wenn du keine Kichererbsen-Nudeln findest, kannst du stattdessen braune Reisnudeln verwenden.

GLUTENFREIER MEHLMIX

Das Backen mit einer glutenfreien Mehlmischung kann anfangs etwas schwierig sein, aber man gewöhnt sich daran und bekommt ein besseres Gefühl dafür. Meine liebste Alternative zu Weizenmehl ist dieser glutenfreie Mehlmix.

Glutenfreier Mehlmix

- 180 g Buchweizenmehl
- 160 g Hirsemehl
- 60 g Stärke

Alle Zutaten in einer großen Schüssel vermischen. In einem großen Gefäß aufbewahren. 150 g Vollkornmehl entsprechen etwa 150 g dieser glutenfreien Mehlmischung.

EI

Eine Alternative zu Hühnereiern kannst du schnell und einfach zaubern:

Für 1 Ei

- 1 EL Leinsamen, gemahlen
- 3 EL warmes Wasser

Die gemahlenen Leinsamen und das Wasser in eine kleine Schüssel geben und umrühren. Die Mischung für etwa 15 Minuten in den Kühlschrank stellen, damit sie eindickt.

MILCHPRODUKTE

Milchprodukte kannst du durch folgende vegane Varianten ersetzen:

- Kokosöl statt Butter
- Mandel-, Kokos- oder Reisdrink statt Kuhmilch
- Kokoscreme statt Sahne
- Kokosjoghurt statt Joghurt

DAS
MO•AI
DETOX

Viele Menschen unterschätzen, wie toll es sich anfühlt, ausgeruht, frisch und bei klarem Verstand aufzuwachen und für den Tag bereit zu sein, ohne auf Zucker, Kaffee oder Alkohol angewiesen zu sein, um in Schwung zu kommen oder abzuschalten. Fühl dich wohl in deiner Kleidung und selbstbewusst in deiner Haut.

02

DAS KONZEPT

Der 21-Tage-MO•AI-DETOX-Plan wird dir helfen, die besten Lebensmittel und Routinen für deinen Körper kennen und festigen zu lernen – du wirst herausfinden, wie du sie in deinen Alltag integrieren kannst.

DAS PROBLEM

Du fühlst dich immer erschöpft und müde, bist morgens nicht gut ausgeruht? Du hast oft Heißhunger und keine Ahnung, wie du die Attacken in den Griff bekommen kannst? Du möchtest etwas abnehmen und dich wieder wohler in deiner Haut fühlen, aber weißt nicht, wo du anfangen sollst? Jetzt ist der richtige Moment.

DIE LÖSUNG

In diesen 21 Tagen verbannen wir häufige Ursachen für Nahrungsmittelunverträglichkeiten wie Gluten, Lebensmittel tierischen Ursprungs, Alkohol, Koffein und Zucker - damit du ein tieferes Verständnis dafür bekommst, wie du deinen Körper nähren, deinen Darm heilen und dich wieder mit deiner natürlichen Energie verbinden kannst. Außerdem lernst du auch NEUE GEWOHNHEITEN kennen und erfährst, wie du sie anschließend beibehalten kannst.

Die Eliminationsdiät ist einer der wichtigsten Aspekte der Ganzkörperentgiftungnamens MO•AI-DETOX. Diese Ernährungsweise hat zum Ziel, Lebensmittel zu entfernen, die eine Ansammlung von Schleim, Fett und Entzündungen in unserem Körper verursachen. Du wirst möglicherweise überrascht sein, welche Lebensmittel zu einer Reaktion führen können. Halte dich daher unbedingt an die Regeln und prüfe die Etiketten beim Einkaufen.

Du bist vielleicht besorgt, weil du gehört hast, dass Detox mit einer Crash-Diät gleichzusetzen ist, dass du keine Energie haben wirst oder dass du ständig hungrig und erschöpft sein wirst. Das MO•AI-DETOX ist jedoch nicht so konzipiert, dass du hungern musst. Stattdessen wirst du in den 21 Tagen schlechte Ernährungsgewohnheiten ablegen, verborgene Nahrungsmittelunverträglichkeiten aufdecken, eine gesunde Ernährungsgrundlage aufbauen und mehr Energie gewinnen.

ACHTUNG

Die im MO•AI-DETOX-Ansatz enthaltenen Informationen basieren auf meinen Erfahrungen und Recherchen. Die Ernährungsweise ist nicht als Ersatz für die Konsultation deines Arztes oder eines anderen Gesundheitsdienstleisters gedacht. Wenn du dir unsicher bist, sprich unbedingt vorab mit deinem Arzt.
Bist du schwanger oder stillst, rate ich dir auch von dem MO•AI-DETOX ab - warte, bis du abgestillt hast, damit das Baby und du mit ausreichend Kalorien versorgt seid.

Das 21-Tage-Programm beinhaltet eine einfach zu befolgende Formel aus täglichen Smoothies und leckeren Rezepten, die du befolgen kannst. Es basiert darauf, deinen Körper ins Gleichgewicht zu bringen.

EINE INVESTITION IN DEINE GESUNDHEIT

Der MO•AI-Detox-Plan ist ein Entgiftungsprogramm für Menschen, die in ihre Gesundheit investieren und echte Ergebnisse erzielen wollen. Es ist eine kleine Investition, wenn du es wirklich ernst meinst und dein Leben verändern möchtest.
Denk auch daran, wie viel Geld du später für teure Medikamente sparen kannst, wenn du jetzt in deine Gesundheit - in DICH - investierst.

MEHR ENERGIE

Du denkst vielleicht, dass der Verzicht auf Koffein und die Einnahme von zwei flüssigen Mahlzeiten am Tag dich schlapp machen. Wenn du deinen Körper jedoch mit ausreichend Nährstoffen versorgst, wachst du mit mehr Energie auf und hast den ganzen Tag über einen klaren Kopf, ohne dass deine Energie nachlässt.

BALANCE

Unser Körper verändert sich, und manchmal schwankt auch das Gewicht. Vielleicht bist du dir unsicher, wie du deinen Körper am besten ins Gleichgewicht bringen kannst. Ein guter Anfang ist es, deinen Körper mit hochwertigen Nährstoffen zu versorgen. Indem du gesunde Proteine, Getreide, Obst und Gemüse zu dir nimmst, unterstützt du die Funktionen deines Körpers. Sorge außerdem für mehr Bewegung - das kann auch Blähungen und Entzündungen im Körper reduzieren.

BEAUTY WITHIN

Strahlende Haut und klare Augen gelten als Zeichen guter Gesundheit. Wenn du genug Wasser trinkst und dich gesund ernährst, wird deine Haut strahlen!

VERBESSERTE VERDAUUNG

Ob Blähungen, Verstopfung oder Reizdarmsyndrom - viele von uns kämpfen damit, dass sie sich nach den Mahlzeiten unwohl fühlen. Das MO•AI-Programm verändert nicht nur deine Beziehung zum Essen, sondern auch deine Verdauung.

WARUM 21 TAGE?

Das 21-Tage-Programm ist nicht einfach eine weitere Saftkur, die schnell erledigt ist. Es dauert 21 Tage, um eine Gewohnheit zu entwickeln oder zu brechen - leg los und zieh es durch! Diese neue Gewohnheit wird dich und deinen Körper bereichern.

Woche 1

Während der ersten Woche wird sich dein Körper auf die neue Ernährung einstellen - du wirst dich wahrscheinlich müde und träge fühlen, und du bekommst eventuell Kopf- oder Gliederschmerzen. Jetzt heißt es: DRANBLEIBEN!

Woche 2

Die erste Entgiftung ist geschafft. Du wirst mehr Energie spüren und besser schlafen. In der zweiten Woche gibt es manchmal ein kleines Tief - irgendwann zwischen Tag zehn und zwölf werden dich die Smoothies nerven. Bleib unbedingt dran!!! Du hast schon die Hälfte geschafft!

Woche 3

Du wirst dich leichter fühlen, energiegeladener und klarer. Du hast es offiziell geschafft, den »cleanen« Lebensstil zu erleben, und möchtest ihn hoffentlich so schnell nicht aufgeben.

Nun heißt es: Wie geht es weiter? Viele behalten den Smoothie am Morgen bei, die Zwölf-Stunden-Pause über Nacht und vor allem die Vorbereitung. Schau, was für dich passt, und höre vor allem auf deinen Körper. Wie reagiert dein Körper, wenn du »normal« isst? Wie geht es dir, wenn du Nahrungsmittel wieder einführst?

WAS IST ERLAUBT / VERBOTEN?

Erlaubte Lebensmittel

OBST

Am besten ganze Früchte, ungesüßt, tiefgekühlt oder frisch: Nahezu alles Obst vom Apfel über die Mango bis hin zur Zitrone eignet sich gut. Die Früchte sollten nach Möglichkeit frisch und biologisch sowie lokal und saisonal sein. Trockenfrüchte sind in Maßen in Ordnung, aber bitte bedenke, dass sie immer noch einen sehr hohen Zuckergehalt haben (wenn auch natürlichen Zucker).

GEMÜSE

Am besten frisch, roh, gedämpft, sautiert, entsaftet oder geröstet: Avocado, Blumenkohl, Lauch, Spinat, Süßkartoffel, Zucchini, ... Nahezu alles Gemüse ist erlaubt und erwünscht.

MILCHERSATZ

Kokosdrink, ungesüßter Nussdrink wie Mandel-, Paranuss- und Haselnussdrink, Hanfsamendrink und Reisdrink (Vollkorn, schwarzer Reis). **Bitte denk daran:** Reisdrink ist der am meisten verarbeitete und oft gesüßte Milchersatz. Andere Milchersatzprodukte sind zu bevorzugen. Bitte keinen Haferdrink (er enthält meist Gluten und ist nicht optimal für den Blutzuckerspiegel).

PROTEINE

Tierische Proteine:
Kaltwasser-, wild gefangene Meeresfische: Sardelle, Kabeljau, Seehecht, Heilbutt, Makrele, Seesaibling, Pollack, Sardine, Seezunge, Forelle, Thunfisch, wilder pazifischer Lachs, gestreifter Bass, Huhn, Ente (unbedingt auf Freilandhaltung achten)

Pflanzliche Proteine:
Hanf-, Erbsen- oder Naturreisproteine, Hülsenfrüchte und Bohnen (keine Sojabohnen), Linsen, Erbsen, Bienenpollen, Spirulina und Blaualgen.

SÜSSUNGSMITTEL

Stevia, Kokosblütenzucker, Kokosblütensirup, Dattelnektar, frische Früchte

ÖLE

Olivenöl, Kokosöl, Distelöl, Sesamöl, Mandelöl, Sonnenblumenöl, Walnussöl, Kürbisöl, Avocadoöl

NÜSSE UND SAMEN

Mandel, Paranuss, Cashew, Chia, Haselnuss, Hanf, Macadamianuss, Pekannuss, Pinienkerne, Pistazien, Kürbiskerne, Sesam, Sonnenblumenkerne, Flachssamen, Mohn, Walnuss, Nuss- und Samenbutter

KÖRNER

Amarant, Buchweizen, Hirse, Quinoa, Reis (braun, rot, schwarz, wild), Teff, Tapioka

SONSTIGES

Essig, Kräuter, Gewürze, Meersalz, schwarzer Pfeffer, Roh- oder Zartbitterschokolade ohne Milch und Zucker, zuckerfreier Senf, Miso, Kokos-Aminos (oder Tamari)

AUSSERDEM – BITTE BEACHTEN

Brot und Backen:
Backpulver (ohne Aluminium), Quinoa-Flocken, Reiskleie, Pfeilwurzelpulver, Agar-Agar

Veganes Proteinpulver:
Es ist eine gute Idee, dem morgendlichen Smoothie etwas zusätzliches Protein hinzuzufügen, ich empfehle die Verwendung eines rein pflanzlichen Proteinpulvers (siehe Rezept auf Seite 62).

Probiotika:
Ich empfehle sehr, Probiotika als Ergänzung während des gesamten Entgiftungsprogramms einzunehmen. Bitte erkundige dich in der Apotheke.

Thunfisch:
Bei Thunfisch aus der Dose solltest du darauf achten, dass er möglichst von Hand geangelt wurde und im eigenen Saft konserviert ist. Ich empfehle außerdem eine salzarme Variante.

Bio:
Achte bitte auch unbedingt darauf, Bio-Produkte zu kaufen, wenn möglich.

Verbotene Lebensmittel

OBST
Orange, Grapefruit, Erdbeere, Traube, Banane, Goji-Beere, Rosine

GEMÜSE
Mais, Rahmgemüse, Nachtschattengewächse (Tomate, Kartoffel, Aubergine, Paprika)

MILCH UND MILCHERSATZ
Kuh- und Schafsmilch, Haferdrink, Sojadrink

MILCHPRODUKTE
Käse, Hüttenkäse, Sahne, Joghurt, Butter, Ghee

KÖRNER
Gerste, Dinkel, Kamut, Emmer, Roggen, Hafer (auch glutenfrei), Weizen, Bulgur, Couscous, weißer Reis, Pasta oder Nudeln auf Weizenbasis

PROTEINE
Tierische Proteine:
Ei, roher Fisch, Schweinefleisch, Rindfleisch, Kalbfleisch, Wurst, Aufschnitt, Fleischkonserven, Schalentiere, Speck, geräuchertes Fleisch jeglicher Art

Pflanzliche Proteine:
Sojabohnenprodukte (Sojasauce, Sojaöl in verarbeiteten Lebensmitteln, Tofu, Sojadrink, Sojajoghurt, Edamame)

SÜSSUNGSMITTEL
Raffinierter Zucker, weißer/brauner Zucker, Ahornsirup, Fruktose, Maissirup, Zuckerrübensaft, Agavendicksaft, Reissirup, Honig

NÜSSE UND SAMEN
Erdnüsse, Erdnussbutter

FETTE UND ÖLE
Butter, Margarine, Backfett, verarbeitete Öle, Rapsöl, Salatdressings, Mayonnaise, Aufstriche auf Sojabasis

GETRÄNKE
Alkohol (auch alkoholfreie Weine und Biere), Kaffee (auch koffeinfreier Kaffee), Limonaden, schwarzer oder Oolong-Tee, Fruchtsaft (sofern er nicht frisch gepresst ist)

SONSTIGES
Mais- und Kartoffelstärke ist häufig in Backpulver, Getränken und verarbeiteten Lebensmitteln enthalten.
Essig, Mayonnaise und Senf können oft Weizen, Mais oder Soja sowie zugesetzten Zucker enthalten.
Auch glutenfreie Brote können noch Zucker, Hafer, Dinkel, Kamut, Kartoffelstärke oder Mais enthalten.
Viele Amarant- und Hirseflockengetreide enthalten Hafer oder Mais.

HAZELNUTS

FAQ - *HÄUFIG* GESTELLTE FRAGEN

Warum ist … nicht erlaubt?

SOJA

Soja ist ein sehr häufiges Allergen. Es ist oft gentechnisch verändert und kann sowohl bei Männern als auch bei Frauen zu Hormonstörungen führen - was auch das Risiko für Krebserkrankungen, Menstruationsprobleme und Unfruchtbarkeit erhöht. Ich persönlich versuche, Soja generell zu vermeiden - vor allem, da hier in den USA der Anteil an gentechnisch veränderten Sojabohnen in den letzten 20 Jahren von 17 % auf alarmierende 94 % gestiegen ist.

HAFER UND HAFERDRINK

Reiner Hafer ist glutenfrei und für die meisten Menschen mit Glutenunverträglichkeit sicher. Hafer ist jedoch oft mit Gluten verunreinigt, da er in denselben Anlagen verarbeitet wird wie glutenhaltiges Getreide wie Weizen, Roggen und Gerste.

ERDNÜSSE

Etwa 20 % der Kinder haben in Amerika eine Erdnussallergie und viele amerikanische Erwachsene eine Nahrungsmittelüberempfindlichkeit. Selbst diejenigen, die keine Erdnussallergie haben, können eine negative Reaktion auf Erdnüsse haben, sei es aufgrund von Chemikalien in herkömmlichen Erdnüssen oder einem giftigen Schimmelpilz namens Aflatoxin in Bio-Sorten.

MILCHPRODUKTE

Wie Erdnüsse enthalten auch Milch, Käse, Joghurt und Butter oft Aflatoxin, das mit Leberproblemen, beeinträchtigter Immunfunktion und Mangelernährung in Verbindung gebracht wird. Milchprodukte sind außerdem stark schleimbildend und führen zu einer Übersäuerung des Körpers.

Wenn Joghurt pasteurisiert wird, durchläuft er einen Erhitzungsprozess, der den Nährstoffgehalt vermindert.

EIER

Eier können ebenfalls Allergien auslösen.

GLUTEN

Gluten ist ein Protein, das z. B. in Weizen, Gerste, Farro, Roggen, Dinkel und Kamut vorkommt. Viele Menschen haben eine Glutenunverträglichkeit, von der sie nichts wissen. Eine Glutenunverträglichkeit ist nicht dasselbe wie Zöliakie, aber die Symptome sind ähnlich (u. a. Bauchschmerzen, Blähungen, Unwohlsein oder Übelkeit). Gluten wird zudem mit vielen entzündlichen Gesundheitsproblemen in Verbindung gebracht, darunter Verdauungsprobleme, Gehirnstörungen, Hauterkrankungen und Insulinresistenz.

KAFFEE

Koffein ist entwässernd und belastend für die Entgiftungsorgane. Kaffee macht süchtig und stört deinen Schlafzyklus und die Verdauung.

OBST UND GEMÜSE

Beim Detox sollen Nachtschattengewächse, einschließlich Kartoffeln, Tomaten, Auberginen, Paprika und Peperoni, weggelassen werden. Nachtschattengewächse sind oft reich an Alkaloiden, die für manche Menschen leicht giftig sein können, und es wird angenommen, dass sie die Verdauung beeinträchtigen und Entzündungen im Körper fördern. Orangen, Erdbeeren und Grapefruits sind als allergieauslösende Lebensmittel bekannt, die Grapefruit blockiert sogar bestimmte Enzymprozesse im Körper. Auch Bananen und Trauben sollen vermieden werden, da beide viel Zucker enthalten und Bananen außerdem sehr stärkehaltig sind.

Darf ich …

… TEE TRINKEN?

JA. Tee ist erlaubt - alle Sorten außer schwarzem Tee (der enthält zu viel Koffein). Bitte achte darauf, dass die Teesorten, die du trinkst, ungesüßt sind.

… KAFFEE OHNE KOFFEIN ODER GETREIDEKAFFEE TRINKEN?

Leider nein! Auch koffeinfreier Kaffee kann einen Einfluss auf deinen Stoffwechsel haben. Lupinenkaffee könnte dagegen eine super Alternative für dich sein - schau mal im Reformhaus!

… BROT ESSEN?

Schau mal bei den Rezepten, dort gibt es ein Brotrezept für dich (siehe Rezept auf Seite 83). Und auch glutenfreies Brot z. B. aus Maronenmehl ist erlaubt. Achte jedoch unbedingt auf die Inhaltsstoffe: kein Zucker, keine aktive Hefe, keine versteckten anderen Konservierungs- oder Farbstoffe.

… MINERALWASSER TRINKEN?

JA! Darfst du. Bedenke bitte, dass du viel trinken solltest. In der Regel fällt es leichter, stilles Wasser zu trinken.

… SALZ ZUM WÜRZEN VERWENDEN?

JA, darfst du - in normalen Mengen. Das Essen soll dir ja schmecken und du sollst es genießen.

… SNACKS ESSEN?

JA - in normalen Mengen. Ich empfehle immer, vor jedem Snack einmal kurz in sich reinzuhorchen - habe ich Hunger? Oder bin ich vielleicht gestresst, frustriert, genervt und esse deswegen? Versuche, deinem Körper zwischen den Mahlzeiten und Snacks zwei bis drei Stunden Zeit zu geben, um zu verdauen.

… MICH SATT ESSEN?

JA - das sollst du sogar! Es geht vor allem darum, WAS du isst. Du sollst dich auf keinen Fall runterhungern. Das 21-Tage-MO•AI-Detox ist keine Diät, sondern ein Entgiftungsprogramm.

… EINEN GRÜNEN SAFT AM MORGEN TRINKEN?

JA - ich liebe frische grüne Säfte am Morgen und trinke sie auch sehr gerne während des Detox auf nüchternen Magen.

… HÜLSENFRUCHT-, VOLLKORNREIS- ODER QUINOA-PASTA ESSEN?

JA! Du solltest aber keine Pasta aus Mais oder Getreide essen, auch wenn es sich um Vollkornprodukte handelt.

… MITTAG- UND ABENDESSEN TAUSCHEN?

JEIN. Die Idee ist, die »schwerste« Mahlzeit am Mittag zu essen. Das heißt aber nicht, dass du nicht auch mal eine Ausnahme machen darfst. Bist du beispielsweise während der 21 Tage Detox bei Freunden zum Abendessen eingeladen, dann ist das in Ordnung, und du machst am nächsten Tag einfach weiter.

… MORGENS ETWAS ANDERES ESSEN?

Du magst Smoothies eigentlich gar nicht? Teste mal verschiedene Konsistenzen - mal mehr mal weniger Flüssigkeit / mal tiefgekühltes, mal frisches Obst / verschiedene Milchsorten / Teesorten. Wenn du das alles gar nicht magst, dann ist vielleicht Chia-Pudding eine Möglichkeit für dich.

… SPORT MACHEN?

JA. Unbedingt. Dazu findest du mehr auf den folgenden Seiten.

… ALKOHOLFREIES BIER TRINKEN?

Leider NEIN. Bitte trinke während des Detox keine alkoholfreien Biere, Weine oder Spirituosen.

… MEDIKAMENTE NEHMEN?

Wenn du regelmäßig Medikamente einnimmst, halte unbedingt Rücksprache mit deinem Arzt oder deiner Ärztin.

… DETOX MACHEN, WENN ICH SCHWANGER BIN ODER STILLE?

Leider NEIN. Bitte warte mit dem Detox!

WARUM SMOOTHIES?

Feste Lebensmittel müssen für die Verdauung zuerst verflüssigt werden. Dies kostet Energie und Zeit. Flüssige Mahlzeiten sind also praktisch - es wird keine Zeit und Energie benötigt, um sie abzubauen. Dein Körper beendet die Verarbeitung der Lebensmittel etwa acht Stunden nach der letzten Mahlzeit. Nur dann kann er in den »Entgiftungsmodus« wechseln. Je mehr du isst, desto länger dauert es, bis dein Körper die Mahlzeit verarbeitet hat und in den »Reinigungsmodus« wechseln kann.

Gekochte Lebensmittel verzögern das Entgiftungssignal weiter, denn durch das Erhitzen von Lebensmitteln auf über 30°C werden die für die Verdauung benötigten Enzyme zerstört. Rohes Gemüse, Obst, Nüsse und Samen enthalten die Enzyme, die für die eigene Verdauung erforderlich sind. Wenn wir also unser Essen kochen, verlieren wir diese wichtige Ressource und der Körper benötigt mehr Zeit und Energie für die Verdauung.
Du wirst das Beste aus diesem Detox herausholen, wenn du am Morgen und am Abend einen Smoothie genießt.

ERFAHRUNGEN

»Heute ist Tag 21,5. Ich bin so megahappy und muss einfach auch so weitermachen. Ich fühle mich sehr wohl und hab das Gefühl, endlich das fehlende Puzzleteil in Sachen Ernährung gefunden zu haben! Ich danke dir sehr, dass du den Schalter umgelegt hast.«

»TATATA, heute ist Tag 21. Meine Intention war, mit dem gesunden Essen wieder auf Kurs zu kommen, leichter zu werden. Fazit: 5 kg und 5 cm Umfang weniger. Das war bitter nötig, und ich werde weitermachen! Langsam nähere ich mich meinen alten ICH. Lieben Dank, Svenja, für das großartige Programm.«

»Dankeschön für deine tollen Rezepte. Ich hab's durchgezogen und fühle mich richtig gut, voller Energie und Kraft. Ich habe 4 kg abgenommen und möchte weiterhin Smoothies am Abend trinken.«

»Ich habe mich heute das erste Mal nach Detox gewogen – und habe 5 kg verloren. Bin total happy. Sogar mein Mann sagt, ich strahle jetzt mehr.«

»Liebe Svenja, meine 21 Tage sind heute vorüber, und ich gehe einfach nahtlos in #forever21. Dein Programm ist für mich wirklich lifechanging! Ich bin, seit ich denken kann, von Migräne geplagt, und die hat sich quasi in Luft aufgelöst. Hätte ich mich doch schon viel eher getraut, es anzufangen. Aber besser spät als nie. Nebenbei 4 kg verloren, und insgesamt sind 10 % an Bauch, Beinen und Hüfte weg. Das alles OHNE Verzicht. Ich sehe diese Ernährungsweise als große Bereicherung, die in der Umsetzung so einfach, aber so köstlich ist.«

»Mein Mann und ich haben dein Detoxprogramm gemacht. Es war viel leichter als gedacht und hat uns in vielen Dingen die Augen geöffnet. Was mich am meisten erstaunt hat, ist die Tatsache, dass sich unser Geschmack und unsere Gelüste verändert haben. War ich früher ein großer Liebhaber von Brot mit Käse und Salamipizza, ist dieses Verlangen deutlich reduziert. Wir merken nun, wann uns etwas bekommt und wann nicht, und doch müssen wir das auf jeden Fall noch weiter beobachten. Dein Programm ist ein super Start in ein bewussteres Leben. Ich bin am allermeisten begeistert, dass meine Lebensenergie zurück ist und der Brainfog weg. Tausend DANK für dieses tolle Programm.«

»Meine 21 Tage sind gestern zu Ende gegangen, und ich möchte heute gar nicht aufhören. Hab einfach noch mal 21 Tage drangehängt! Svenja, dein Programm ist einfach großartig und deine Rezepte so schnell und einfach zubereitet und einfach lecker. Ich werde ganz viel Inspiration mit in meinen Alltag nehmen und jetzt noch mehr zum Bewusstarier werden.«

»Guten Morgen nach New York, die 21 Tage sind um, und ich habe 6 kg abgenommen! Es ist ein so so tolles Programm, und deshalb mache ich auf jeden Fall weiter! Ich KANN gar nicht aufhören – es ist absolut im Alltag integriert und tut so gut! Es gibt keine Hungergefühle, keine schlechte Laune, keinen Zwang, sondern einfach nur ein gutes Gefühl!«

DER ABLAUF

1. FRÜHSTÜCK: SMOOTHIE

Optional: Snack ca. 2-3 Stunden nach dem Smoothie

2. MITTAGESSEN: MAHLZEIT

Optional: Snack ca. 2-3 Stunden nach dem Mittagessen

3. ABENDESSEN: SMOOTHIE

Anschließend: 12 Stunden Pause ohne Essen

EIN BEISPIELTAG

Ich weiß, wie überwältigend es sein kann, deine Ernährung und deinen Lebensstil umzustellen. Deshalb möchte ich dich durch einen Beispieltag führen, um dir zu zeigen, wie machbar es ist. Denke daran, dass dies nur exemplarisch ist, deine Zeitplanung und deine Mahlzeiten können also durchaus anders aussehen!

Folge diesem Tagesplan, um deinen Tag mit gesunden Mahlzeiten und Snacks zu gestalten und sicherzustellen, dass du genug Energie für all deine Aktivitäten hast.

6:30 UHR

Aufwachen und den Tag beginnen. Trinke ein Glas warmes Wasser mit einem Spritzer Zitronensaft, um deinen Körper und den Stoffwechsel sanft in Schwung zu bringen.

7:30 UHR

Bereite deinen Smoothie zu und genieße ihn gegen 8 Uhr morgens. Dein gesunder Start in den Tag!

10:30 UHR

Wenn du einen kleinen Vormittagssnack benötigst, schnapp dir etwas geschnittenes Gemüse oder glutenfreie Cracker und tauche sie z. B. in den Green Goddess Dip.

12:30 UHR

Mittagspause! Dein Mittagessen hast du bereits vorbereitet, in knapp 10 Minuten ist es fertig. Ein Pesto-Nudelsalat wartet im Kühlschrank auf dich – so lecker! Wenn du etwas Süßes essen magst, dann ist jetzt, nach dem Mittagessen, die beste Gelegenheit dazu.

15:00 UHR

Wenn der kleine Hunger wieder anklopft, greife zu ein paar Gemüsescheiben oder einem Energy Ball, um deine Energie aufrechtzuerhalten.

17:15 UHR

Noch ein kleiner Snack mit frischem Gemüse oder ein paar Cashewnüsse, um deinen Hunger zu stillen.

18:30 UHR

Es ist Zeit für dein Abendessen. Schnell den Smoothie zubereiten und genießen.

20:00 UHR

Gegen Hunger am Abend kann ein gemütlicher Tee helfen!

22:00 UHR

Ab ins Bett für eine erholsame Nacht!

DIE ENTGIFTUNG

Sich auf eine Reise zur Optimierung deiner Gesundheit und deines Wohlbefindens zu begeben, ist eine sehr mutige Entscheidung. Das 21-Tage-MO•AI-Detox bietet einen ganzheitlichen Ansatz zur Entgiftung und Heilung, der sich darauf konzentriert, deinen Körper zu nähren, die Darmschleimhaut zu reparieren und die Verdauung zu verbessern.

Wenn wir einen individuellen Blick darauf werfen, was uns erwartet und wie wir uns während dieser Zeit am besten unterstützen können, können wir eine erfolgreichere und persönlichere Detox-Erfahrung machen.

Hier sind ein paar Lieblingstipps, die dir helfen, dein Detox optimal zu gestalten:

1. VORBEREITUNG IST DAS A UND O!

Jede Erfahrung ist so einzigartig wie du! Wenn wir uns einer Reinigungsreise nähern, gibt es viele Variablen, die ins Spiel kommen, wie z. B. die aktuellen Ernährungs- und Lebensgewohnheiten, ob es die erste Reinigung ist oder eine von vielen, oder sogar die Jahreszeit!

Es kann helfen, sich schon einige Tage vorher vorzubereiten, z. B. Kaffee Schritt für Schritt zu reduzieren, Smoothies zu testen - vielleicht schon das ein oder andere Mittagessen auszuprobieren.

Bereite dich mental darauf vor, dass die ersten Tage etwas ungemütlich sein können - wähle also den Startpunkt sehr bewusst aus. Ist Montag ein guter Zeitpunkt? Oder lieber am Wochenende?
Viel Wasser, frische Luft und Bewegung können bei dem Entzug helfen.
Kopfschmerzen, Gliederschmerzen, Rückenschmerzen, Übelkeit, Durchfall oder Verstopfung - kann leider alles vorkommen. Wenn du unsicher bist, wende dich an deinen Arzt!
Bedenke immer: DU LÄSST LEDIGLICH LEBENSMITTEL WEG! Ich finde es immer wahnsinnig faszinierend, was im Körper passiert, wenn man plötzlich Zucker, Gluten usw. weglässt! Beobachte mal, was in DEINEM Körper passiert!

2. NIMM DIR JEDEN TAG ZEIT FÜR DEINE INDIVIDUELLE SELBSTFÜRSORGE.

Wenn der Körper anfängt, die Giftstoffe loszulassen, kommen bei manchen Menschen auch die Gefühle in Fluss. Vielleicht solltest du dann ein ausgiebiges Bad nehmen, oder vielleicht reicht es auch, ein paar Gedanken aufzuschreiben! Detox kann durchaus Emotionen wecken, also gib dir den Raum, um aus dieser Zeit zu lernen, die du dir geschenkt hast, erforsche die Gefühle, die auftauchen, und schenke ihnen deine Aufmerksamkeit und Pflege.

3. FINDE DEINEN TRAININGSFLOW.

Ganz gleich, ob du ein begeisterter Läufer, ein fortgeschrittener Yogi oder ein Wochenendwanderer bist: SEI NICHT SO STRENG ZU DIR.

Manchmal kann es helfen, sich während des MO•AI-Detox sanft zu bewegen - du wirst vielleicht sogar ruhiger, indem du dich z. B. auf deine Atmung konzentrierst - und einfach deine normale Routine zurückzufahren.
Experimentiere mit verschiedenen Bewegungsarten, um herauszufinden, was für DICH und dein Energielevel am besten funktioniert, und nutze die Zeit, um etwas Neues auszuprobieren!

4. PASSE DIE MAHLZEITEN AN DEINE BEDÜRFNISSE AN.

Meine Rezepte sind nicht kalorienorientiert, du kannst gerne mit gesunden Fetten und zusätzlichen Proteinen experimentieren und bei den Mahlzeiten eine Vielzahl von Lebensmitteln aus der Liste der zugelassenen Lebensmittel ausprobieren - du musst auch nicht zwingend vegan essen: Lies dir die Liste der erlaubten Lebensmittel genau durch!

Ich ermutige dich, zu experimentieren, um DEINEN Smoothie und DEINE Lieblingsmittagsmahlzeit zu kreieren, die du nicht nur liebst, sondern die dich mit genau den Nährstoffen und der Energie versorgt, die du täglich brauchst. Wenn du zum Beispiel abnehmen willst, empfehle ich dir, bei der Verwendung von Nussbutter in Shakes vorsichtig zu sein, da diese einen höheren Kaloriengehalt hat. Wenn du jedoch dein aktuelles Gewicht halten möchtest, solltest du deine Shakes oder deine Mittagsmahlzeiten aufstocken, um einen Gewichtsverlust zu verhindern.
DU BIST DEIN EIGENER CHEF!

5. DEN PERFEKTEN ZEITPUNKT GIBT ES NICHT!

Zwischen Arbeit, Familie und anderen Verpflichtungen mag es verlockend sein, das Detox aufzuschieben, aber es gibt Möglichkeiten, es in deinen vollen Kalender einzubauen!

Angenommen, du hast ein gesellschaftliches Ereignis oder ein Abendessen. In diesem Fall kannst du deine Mittagsmahlzeit gerne mit deinem Abendshake tauschen. Befolge einfach die Liste der erlaubten Lebensmittel, wenn du dein Essen bestellst oder zubereitest. Du weißt nicht, was du in einem Restaurant bestellen sollst? Einen Salat ohne Sauce, gebratenes Gemüse - es gibt eine Vielzahl von Möglichkeiten.

Letztendlich ist die Reinigung eine sehr persönliche Reise, und keine zwei Erfahrungen werden genau gleich sein. Ich empfehle dir vor allem, auf DEINEN Körper zu hören und Entscheidungen zu treffen, die DEIN ganzes Selbst während dieser Zeit unterstützen.

UNTERSTÜTZUNG FÜR *DEIN* DETOX

Soziale Events

Auf Festen und Partys werden ständig Leckereien und Genüsse angeboten, die du während deines Detox meiden solltest. Trotzdem ist es möglich, während der 21 Tage unter Leute zu kommen! Hier ein paar wertvolle Strategien, um gesellige Zusammenkünfte zu meistern und dabei deinen Prinzipien der Entgiftung treu zu bleiben.

PLANE IM VORAUS

Vorbereitung ist der Schlüssel zum Erfolg – das bezieht sich auf die Vorbereitung für die Woche, und das gilt auch für die Beibehaltung der cleanen Essensroutine, während du dich unter Leute begibst. Wenn du also z. B. zu einer kleinen Veranstaltung gehst (Familienfeste oder Ähnliches), solltest du dich erkundigen, ob der Gastgeber bereit ist, auf deine Ernährungsgewohnheiten einzugehen. Viele Gastgeber*innen nehmen gerne Rücksicht auf die Bedürfnisse ihrer Gäste, und du kannst anbieten, ein erlaubtes Gericht zum Teilen mitzubringen. So kannst du sicher sein, dass du zumindest eine gesunde Option hast, die du dir gönnen kannst. Das funktioniert z. B. super bei Grillpartys oder auch beim sonntäglichen Kaffeeklatsch.

ISS, BEVOR DU GEHST

Komm nie mit leerem Magen zu einer Party. Wenn du eine gesunde und nahrhafte Mahlzeit oder einen Shake zu dir nimmst, bevor du das Haus verlässt, kannst du ungesunden Versuchungen viel besser widerstehen. Wenn du satt bist, ist die Wahrscheinlichkeit geringer, dass du gedankenlos zu ungesunden Snacks greifst.

KONZENTRIERE DICH AUF DIE GESELLIGKEIT

Denke daran, dass es auf Partys nicht nur um Essen und Trinken geht, sondern auch um die Möglichkeit, mit anderen in Kontakt zu kommen. Unterhalte dich mit anderen, tanze oder nimm an Spielen und Aktivitäten teil. Wenn du dich nicht auf die Bar oder das Büfett konzentrierst, wirst du feststellen, dass das Beisammensein mehr Spaß macht und erfüllender ist.

SEI WÄHLERISCH

Es ist unrealistisch, von dir zu erwarten, dass du bei Partys auf alle Leckereien und Genüsse verzichtest. Übe dich stattdessen in Mäßigung und sei wählerisch, was du dir gönnst. Sieh dir die verfügbaren Optionen an und entscheide dich, wann immer möglich, für die gesunden Alternativen. Frisches Obst, Gemüseplatten oder magere Eiweißquellen können gesünder sein als zuckerhaltige Desserts oder frittierte Snacks.
Wenn du unbedingt Schokolade essen willst, solltest du dich für eine hochwertige, milchfreie Variante entscheiden (oder vielleicht selbst etwas in der Tasche parat haben).

TRINKE VERNÜNFTIG

Auch wenn es verlockend ist, zu einem Cocktail oder einer Limonade zu greifen, solltest du dich stattdessen für gesündere Getränke entscheiden. Wasser sollte deine erste Wahl sein, denn es hält dich hydriert und kann dazu beitragen, dass du nicht zu viel isst. Wenn du ein aufregenderes Getränk möchtest, wähle Wasser mit z. B. frischem Obst drin, Kräutertee, Matcha oder Wasser mit Kohlensäure und einem Spritzer natürlichem Fruchtsaft.

LERNE, »NEIN, DANKE« ZU SAGEN

Bei geselligen Zusammenkünften wirst du vielleicht auf hartnäckige Gastgeber*innen oder Freund*innen treffen, die dich ermutigen, Dinge auszuprobieren oder das Detox zu unterbrechen. »Es ist doch nur ein Drink ...« Lerne, höflich, aber bestimmt Nein zu sagen und erkläre, dass du dich deinen Zielen einer gesunden Ernährung und Entgiftung verpflichtet fühlst.

Die meisten Menschen werden deine Entscheidung respektieren und dein Engagement für einen gesünderen Lebensstil sogar zu schätzen wissen.

KONZENTRIERE DICH AUF LANGFRISTIGE ZIELE

Erinnere dich an die Gründe, warum du dich überhaupt für das MO•AI-Detox entschieden hast. Visualisiere die Vorteile, die du bisher erlebt hast, und die, die du dir für die Zukunft erhoffst. Wenn du dir deine langfristigen Ziele vor Augen hältst, kannst du dich motivieren, auf dem richtigen Weg zu bleiben, selbst wenn du in Versuchung gerätst.

Fitness für Körper und Geist

BEWEGUNG

Bei dem 21-Tage-MO•AI-Detox geht es in erster Linie darum, deinen Körper mit nährstoffreichen Lebensmitteln zu ernähren und gleichzeitig Giftstoffe auszuscheiden. Ein weiterer Schwerpunkt dieser Reinigungskur könnte als Ruhe bezeichnet werden, aber in Wirklichkeit geht es um Raum. Es geht darum, deinem Körper die Zeit und den Raum zu geben, die er braucht, um zu verdauen, zu verarbeiten und seine natürlichen Fähigkeiten und Funktionen wiederherzustellen.

Auch wenn du vielleicht versucht bist, in dieser Zeit ganz mit dem Sport aufzuhören, darfst du nicht vergessen, dass Bewegung bei diesen Prozessen eine entscheidende Rolle spielt, da sie die natürlichen Entgiftungsmechanismen des Körpers unterstützt und die Vorteile der Entgiftung noch verstärkt.
Körperliche Aktivität regt den Kreislauf an und fördert die Ausscheidung von Giftstoffen durch Schweiß.

SEI ACHTSAM

Während der 21 Tage ist es wichtig, die richtige Art und Intensität der Bewegung zu wählen, um DEINEN Körper zu unterstützen, ohne ihn übermäßig zu belasten. Gering belastende Aktivitäten wie Yoga, Walking oder sanftes Pilates sind ideal, um die Herzfrequenz konstant zu halten und gleichzeitig Entspannung und Stressabbau zu fördern. Diese Aktivitäten sind besonders für diejenigen geeignet, die einen achtsamen Ansatz für ihre Wellness-Entgiftungsreise suchen. Ganz gleich, ob du ein Fitness-Enthusiast bist oder gerade erst damit anfängst, Bewegung während der 21 Tage einzubauen, kann zu dauerhaften Vorteilen führen. Regelmäßige Bewegung steigert den Stoffwechsel, was die Fähigkeit des Körpers, Giftstoffe auszuscheiden, verbessern kann. Außerdem hilft Bewegung dabei, Entzündungen zu reduzieren, die Verdauung zu fördern und die Schlafqualität zu verbessern – mir hilft sie auch sehr für mein mentales Wohlbefinden.

HÖRE AUF DEINEN KÖRPER

Wie bei allen anderen Dingen auch, ist es wichtig, auf die Signale deines Körpers zu hören und sich entsprechend anzupassen. Manche Teilnehmer*innen meines Programms fühlen sich während der Reinigung energiegeladen und bereit für anspruchsvollere Workouts, während andere vielleicht einen sanfteren Ansatz benötigen. Es kommt darauf an, ein Gleichgewicht zu finden und Aktivitäten zu wählen, die dich beleben und nicht auslaugen. DU BIST DEIN EIGENER PROFI, und du wirst dich in den 21 Tagen auch noch besser kennenlernen.

STAY HYDRATED!

Wenn du während der Reinigung Sport treibst, musst du besonders auf die Flüssigkeitszufuhr und die Ernährung achten. Achte darauf, dass du vor, während und nach dem Training viel Wasser trinkst, um die Entgiftung zu unterstützen und eine Dehydrierung zu verhindern. Versorge deinen Körper mit nährstoffreichen Lebensmitteln, die nachhaltige Energie für deine körperlichen Aktivitäten liefern, z. B. Blattgemüse, Vollkornprodukte und magere Proteine. Ziehe in Erwägung, ein Glutaminpräparat einzunehmen, um die Regeneration zu verbessern.

FEIER DICH

Während der Diät wirst du wahrscheinlich Veränderungen in deinem Körper und deinem allgemeinen Wohlbefinden feststellen. Behalte deine Fortschritte im Auge, nicht nur in Bezug auf die körperlichen Veränderungen, sondern auch in Bezug auf deinen mentalen und emotionalen Zustand. Feiere auch die kleinsten Erfolge, wie z. B. eine neue Yogapose oder eine zusätzliche Meile zu Fuß. Positive Bestärkung kann dir helfen, motiviert zu bleiben und deine Wellnessreise engagiert fortzusetzen. Sei stolz auf dich!!!

ZUCKER

Eines der häufigsten Probleme, die ich immer wieder höre, ist: »Ich bin zuckersüchtig.« Warum ist es so schwierig, unseren Zuckerkonsum einzudämmen?

In einer Studie aus dem Jahr 2007 fanden Forscher heraus, dass Ratten, wenn sie die Wahl zwischen Zuckerwasser und Kokain hatten, jedes Mal das Zuckerwasser wählten. Dabei spielt es keine Rolle, ob der Zucker natürlich ist, wie in einem Apfel, oder künstlich, wie Saccharin. Erstaunlicherweise wählten die Ratten auch dann noch eher Zuckerwasser, wenn die Forscher die Konzentration des Kokains erhöhten.

Welche Schlussfolgerung können wir daraus ziehen? Wir reagieren sehr empfindlich auf Zucker. Wenn die »Süßigkeitsrezeptoren« in unserem Gehirn durch eine zuckerreiche Ernährung überstimuliert werden, setzt der Zucker unsere Selbstkontrollmechanismen außer Kraft. Nach dem ersten Biss in einen Brownie ist es für die meisten von uns ein harter Kampf, aufzuhören. Unser Gehirn sagt uns buchstäblich, dass wir mehr essen sollen. Deswegen ist es auch wahnsinnig schwierig, Zucker zu reduzieren – es ist in der Tat leichter, Zucker komplett wegzulassen.

ABER WIE?

Wenn wir tagsüber nicht genügend Vollwertkost essen, sehnt sich unser Körper natürlich nach Kalorien. Rate mal, welche Lebensmittel unser Körper als kalorienhaltig erkennt? Süße Lebensmittel. Ausgewogene Ernährung ist der einfachste und schnellste Weg, um Heißhungerattacken zu reduzieren. Wenn du dich nach Zucker sehnst, hinterfrage dich selbst, um sicherzustellen, dass du im Laufe des Tages genug gegessen hast.

Hast du das Frühstück ausgelassen? Hast du nur ein kleines Mittagessen gegessen? Gab es heute genug Gemüse und Grünzeug, glutenfreie Körner wie Quinoa und Hirse und gute Fette wie Avocado und Kokos? Wenn wir diese vollwertigen Lebensmittel in ausreichender Menge in unseren Tagesplan aufnehmen, wird unser Verlangen nach Zucker drastisch sinken. **Ein einfacher Trick:** Trinke einen grünen Smoothie, sobald du von der Arbeit nach Hause kommst, um den Heißhunger auf Junkfood zu unterdrücken.

VIEL TRINKEN

Zuckersucht entsteht oft aufgrund von Dehydrierung. Ich höre sehr häufig von Klient*innen, dass sie eine Tüte Gummibärchen gegessen und erst danach bemerkt haben, dass sie eigentlich Durst hatten ... Deswegen: Wenn du ein Verlangen verspürst, trinke zuerst Wasser.

Eine gute Gesundheitsgewohnheit ist es auch, den Tag mit Wasser zu beginnen und zum Frühstück einen Smoothie zu trinken. Das versorgt unseren Körper mit Flüssigkeit, leicht verdaulichen Nährstoffen und bereitet uns auf eine gesunde Ernährung für den Rest des Tages vor. Versuche, zwei bis drei Liter Wasser in deinen Tagesablauf einzubauen. Wenn du Lust auf etwas Süßes hast, iss Obst.

Denk daran, dass unser Körper von Natur aus überempfindlich gegenüber Zucker ist. Bekämpfe ihn nicht, sondern arbeite mit ihm. Fange jetzt also lieber an, machbare Strategien in dein Leben einzubauen, anstatt dich allein auf deine Willenskraft zu verlassen.

Auch der Zuckerentzug zu Beginn des Detox kann ungemütlich sein - Kopfschmerzen kommen nicht nur vom Koffeinentzug, sondern auch vom Zuckerentzug. Schau mal in deinem Kühlschrank nach, wo überall hinzugefügter Zucker auf der Zutatenliste steht! Ketchup, Senf, Saucen, und und und ... Die Liste ist erschreckend lang.

WOCHENPLAN FÜR 21 TAGE

1. FRÜHSTÜCK

Smoothie deiner Wahl

2. MITTAGESSEN

MONTAG:	Reis / Quinoa (Rezepte ab Seite 115)
DIENSTAG:	Reis- / Quinoareste
MITTWOCH:	Pasta (Rezepte ab Seite 93)
DONNERSTAG:	Pastareste
FREITAG:	Gemüse (Rezepte ab Seite 133)
SAMSTAG:	Reste
SONNTAG:	Suppe (Rezepte ab Seite 177) und Meal Prep

3. ABENDESSEN

Smoothie deiner Wahl

WOCHENPLAN MITTAG

	WOCHE 1	WOCHE 2	WOCHE 3
MONTAG	REGENBOGEN-REIS S. 125	ASIATISCHES QUINOA-TABOULÉ S. 121	GEBRATENE QUINOA MIT ANANAS S. 119
DIENSTAG	REIS-RESTE: SCHNELLES PILZ-RISOTTO S. 127	QUINOA-RESTE: SCHNELLE BOWL Z. B. S. 123	QUINOA-RESTE: BROKKOLI-QUINOA-SALAT S. 116
MITTWOCH	SESAM-NUDELN S. 95	PASTA ALFREDO S. 107	ZITRONENPASTA S. 109
DONNERS-TAG	PASTA-RESTE: DRUNKEN NOODLES S. 99	PASTA-RESTE: PASTA MIT (GRÜN-KOHL-)PESTO S. 100	PASTA-RESTE: PASTA MIT (AVO-CADO-)PESTO S. 103
FREITAG	FALAFEL MIT SALAT S. 139	SUMMER-ROLLS S. 147	BLUMENKOHL MIT MANGO-GURKEN-SALAT S. 145
SAMSTAG	RESTE-BOWL MIT FALAFEL UND BROKKOLI S. 139	RESTE-BOWL MIT GREEN-GOD-DESS-DRESSING S. 161	LIFECHANGING BROT MIT SALAT S. 83
SONNTAG	BLUMENKOHL-KAROTTEN-SUPPE S. 182	GOLDENE SÜSS-KARTOFFELSUPPE S. 178	KAROTTEN-INGWER-SUPPE S. 185

MEAL PREP

Let's do it. Nimm dir am Wochenende etwas Zeit für die Zubereitung der Mahlzeiten. Du kannst entweder alle Mahlzeiten an einem Tag vorbereiten, oder du kannst die Vorbereitungen über die ganze Woche verteilen und jeweils nur ein paar Gerichte auf einmal zubereiten. Mach es genau so, wie es am besten in deinen Zeitplan passt.

SCHNIPPELPARTY!

Bei einigen Rezepten besteht die meiste Vorbereitung darin, das Gemüse für einen Salat oder ein Pfannengericht zu schneiden und dann die Dressings und Dips zum Servieren zusammenzurühren. Du kannst Zeit sparen, wenn du ALLES auf einmal schneidest!

Diese Vorbereitungsarbeit sollte dir helfen, gut in die Woche zu starten.

Sonntag vor Woche 1

- Gemüse und Salat waschen.
- Kräuter abbrausen.
- Ingwer waschen (ich kaufe immer Bio-Ingwer und wasche ihn, dann erspare ich mir das Schälen).
- Dressing vorbereiten.
- Vollkornreis kochen.
- Reisnudeln kochen.
- Wenn Zeit übrig ist, die Falafel vorbereiten und einfrieren (vielleicht gleich die doppelte Menge?!).
- Einen Sweet Treat (ab Seite 195) auswählen und vorbereiten.

Sonntag vor Woche 2

- Blumenkohl-Karotten-Suppe kochen.
- Gemüse und Salat waschen.
- Kräuter abbrausen.
- Ingwer waschen.
- Dressing vorbereiten.
- Quinoa kochen.
- Pasta kochen.
- Veganen Parmesan herstellen.
- Pesto vorbereiten.
- Einen Sweet Treat (ab Seite 195) auswählen und vorbereiten.

Sonntag vor Woche 3

- Goldene Süßkartoffelsuppe kochen.
- Gemüse und Salat waschen.
- Kräuter abbrausen.
- Zitronen waschen.
- Ingwer waschen.
- Dressing vorbereiten.
- Quinoa kochen.
- Pasta kochen.
- Veganen Parmesan herstellen.
- Pesto vorbereiten.
- Wenn Zeit übrig ist, das Lifechanging Brot backen.
- Einen Sweet Treat (ab Seite 195) auswählen und vorbereiten.

ANMERKUNGEN ZUM WOCHENPLAN.

- Bitte bedenke: Der Wochenplan dient nur als Inspiration und soll dein Leben erleichtern - du kannst alle Gerichte austauschen, ganz nach Lust und Laune!
- Du kannst selbstverständlich auch Gerichte wiederholen.
- Gemüse im Ofen oder schnell in der Pfanne anzubraten ist natürlich auch immer eine super Option.
- Mach dir dein Leben nicht unnötig kompliziert und stress dich nicht bei den Vorbereitungen.
- Wenn du länger unterwegs bist: Denk an Snacks - am besten hast du immer ein paar Cashewnüsse griffbereit -, ich nehme z. B. auch immer eine Wasserflasche mit, ganz egal wohin ich gehe.
- Alle Rezepte im Buch, die während der 21 Tage erlaubt sind, sind als »DETOXAPPROVED« gekennzeichnet - evtl. mit kleinen Änderungsvorschlägen, falls du modifizieren musst.

Achtung! So bewahrst du auf, was du vorbereitet hast.

- Alles für die Woche vorbereitete Obst und Gemüse solltest du im Kühlschrank lagern.
- Bitte schleudere gewaschenen Salat trocken, schlage ihn ein sauberes Geschirrtuch ein und bewahre ihn im Kühlschrank auf, bis du ihn verwenden möchtest.
- Wenn du Kräuter gewaschen hast, tupfe sie sorgfältig trocken und stelle sie ähnlich einem Blumensträußchen in einem mit etwas Wasser gefüllten Glas in den Kühlschrank.
- Auch gekochter Reis, Quinoa oder Pasta muss unbedingt in verschließbaren Behältern im Kühlschrank aufbewahrt werden.

ES KANN SO *EINFACH* SEIN

Ein paar Dinge, die dein Leben leichter machen:

WIEDERHOLUNG MACHT ES EINFACHER

Wiederholungen helfen bei neuen Gewohnheiten. Ich hoffe sehr, dass dir dieser Leitfaden als allgemeiner roter Faden für gesunde Ernährung hilft. Gewöhne dir an, jeden Tag ein gesundes Frühstück zuzubereiten und viel Gemüse zu essen. Die Essenszubereitung muss nicht kompliziert sein.

BEWUSSTSEIN

Esse mit Bewusstsein und nur wenn du Hunger hast, nicht aus Langeweile. Frustration oder Stress.

SEI KREATIV

Es gibt keine Regeln, kein Richtig und kein Falsch. Probiere einfach mal etwas Neues aus!

1 X KOCHEN - 2 X ESSEN

Plane voraus und koche mehr Beilagen, als du für eine Mahlzeit brauchst. Reis oder Nudeln können einige Tage gelagert werden und supereinfach in einer Pfanne mit Olivenöl oder Kokosöl leicht angebraten werden.

SEI IMMER EINEN SCHRITT VORAUS

Bereite Smoothies vor. Obst und Gemüse sind in einem Gefrierbeutel bis zu drei Monate im Gefrierschrank haltbar. Für einen schnellen Smoothie einfach den Inhalt des Beutels in einen Mixer geben und mit etwas Flüssigkeit aufmixen.

WASCHE OBST UND GEMÜSE IM VORAUS

Dann hast du immer frisches Obst griffbereit und kannst direkt reinbeißen. Auch das Kochen geht dann minimal schneller.

PLANE DEINE WOCHE

Es muss keine aufwendige Planung sein, aber ein paar Gedanken im Voraus machen einen Unterschied.

DAS WICHTIGSTE

Hab Spaß und lass dich nicht stressen. GENIESSE dein Essen.

WIE GEHT ES *DANACH* WEITER?

Herzlichen Glückwunsch, dass du das 21-Tage-MO•AI-Detox erfolgreich abgeschlossen hast!

Hier sind einige zusätzliche Tipps, die dir helfen, deinen neuen und verbesserten Lebensstil beizubehalten.

HÖRE AUF DEINEN KÖRPER

Nach Abschluss des Detox hast du vielleicht festgestellt, dass dein Körper bestimmte Ernährungsvorlieben und Empfindlichkeiten hat. Achte für eine Ernährung, die DEINEN individuellen Bedürfnissen entspricht und den natürlichen Zustand und die Funktionalität DEINES Körpers unterstützt, weiterhin genau auf die Signale deines Körpers. Du hast ein tolles Bewusstsein entwickelt - behalte dir das bei!

SEI ACHTSAM

Wende dieses neue Bewusstsein an, indem du jeden Bissen genießt und dich auf Hunger, Sättigung und andere Signale deines Körpers einstellst. Vermeide während der Mahlzeiten Ablenkungen wie Bildschirme oder Arbeit und iss möglichst in einer ruhigen und entspannten Umgebung.

KEEP GOING - UND BLEIB NEUGIERIG

Halte deine Ernährung nach dem Detox spannend und abwechslungsreich, indem du neue Rezepte ausprobierst, die mit deinen Gesundheitszielen übereinstimmen und die Begeisterung für gesunde Lebensmittel erhalten. Ein wöchentlicher Speiseplan kann dir helfen, deine Ziele nicht aus den Augen zu verlieren. Ernte die Früchte des Detox, indem du dich weiterhin auf unverarbeitete Lebensmittel konzentrierst. Frisches Obst, Gemüse, Vollkorngetreide (wenn du Gluten verträgst), Nüsse und Saaten sollten die Grundlage für deine täglichen Mahlzeiten bilden. Diese nährstoffreichen Optionen geben dir Energie und unterstützen dein allgemeines Wohlbefinden.

TRINKEN, TRINKEN, TRINKEN

Wasser ist das A und O für eine optimale Gesundheit. Achte darauf, dass du den ganzen Tag über ausreichend Wasser trinkst, um den Wasserhaushalt aufrechtzuerhalten und die Entgiftungsprozesse deines Körpers zu unterstützen. Auch Shakes, Suppen oder Lebensmittel mit hohem Wassergehalt, wie Gurke oder Melone gelten.

ACHTE AUF SCHLAF UND BEWEGUNG

Ergänze deine Ernährung mit regelmäßiger körperlicher Aktivität. Bewegung steigert nicht nur dein allgemeines Wohlbefinden, sondern hilft dir auch, dich für deine Gesundheit zu engagieren. Egal, ob du mit leichteren Übungen wie Yoga weitermachst oder die Intensität nach dem Detox erhöhst - vergiss nicht, dich auszuruhen. Aktive Ruhephasen und qualitativ hochwertiger Schlaf sind entscheidend für die Erholung und Verjüngung deines Körpers.

BEWÄLTIGE STRESS

Stress kann sich auf dein Wohlbefinden auswirken und die Grundlage für gesunde Gewohnheiten zerstören, die du dir während des MO•AI-Detox aufgebaut hast. Führe Techniken zum Stressabbau ein, wie z. B. Meditation, Yoga oder Zeit in der Natur, um eine ausgeglichene Denkweise zu bewahren.

Mach dir bewusst, was dir in den 21 Tagen gutgetan hat, und nimm dir diese Routinen mit – hier ein paar Beispiele, die für mich sehr gut funktionieren:

- Unter der Woche mit einem Smoothie am Morgen starten.
- Mahlzeiten planen und vorbereiten.
- Die 12-Stunden-Pause über Nacht beibehalten.
- Mittags »schwerer« essen als abends.
- Viel Wasser trinken - ich verlasse das Haus IMMER mit einer Wasserflasche.
- Ein 7-10-tägiges MO•AI-Detox, wenn ich mich zu weit von meinem Wohlbefinden entfernt habe.

DIE
REZEPTE

03

KICK-START
DER BESTE START IN DEN TAG

MORGENROUTINE - ZITRONENWASSER

Trinke jeden Morgen ein Glas warmes Zitronenwasser - am besten noch mit einem Schuss Cayennepfeffer. Wenn du diese Gewohnheit jeden Morgen auf nüchternen Magen beibehältst, stimuliert das die Leber - das wichtigste Entgiftungsorgan in deinem Körper. Wenn du deine Leber und dein Verdauungssystem sauber und in optimalem Zustand hältst, hilft das deinem Körper, Krankheiten vorzubeugen.

Die Kombination von Cayennepfeffer und Zitrone verstärkt die entgiftende Wirkung und erhöht gleichzeitig die Temperatur deines Körpers, was deinen Stoffwechsel ankurbelt. Beim Trinken dieser Kombination reinigst du deinen Körper jeden Tag auf sichere und natürliche Weise. Wenn ich unterwegs bin und keine Zitrone parat habe, dann trinke ich jeden Morgen einfach Wasser. Dein Körper dankt es dir!

FÜR 1 GLAS
Saft von ½ Zitrone
1 Msp. Cayennepfeffer
350 ml warmes Wasser

SO GEHT'S
Alle Zutaten in einem Glas vermengen und genießen.

SUPER-POWER-SÄFTE

Ich liebe es sehr, den Tag mit einem frischen Saft zu starten. Es war noch nie so einfach und lecker, am Morgen Gemüse in die Ernährung einzubauen.

ROTE-BETE-POWER

Ich mag Rote Bete sehr - aber irgendwie landet sie selten auf meinem Teller. Im Saft klappt es dafür umso besser: Ich könnte diesen Saft jeden Tag trinken! In Kombination mit Zitrone und Ingwer finde ich ihn so, so köstlich!
Rote Bete haben außerdem tolle Eigenschaften - ein paar Gründe mehr also, den Saft zu trinken: Rote-Bete-Saft senkt nachweislich den Blutdruck, was wiederum das Risiko für Herz-Kreislauf-Erkrankungen verringern kann. Außerdem enthält er Phytonährstoffe, die dazu beitragen können, Entzündungen zu reduzieren, und auch andere wichtige Mineralien wie Magnesium, Kalium und Eisen.

FÜR 2 PORTIONEN

1 große Rote Bete
3 große Karotten oder 3 Selleriestangen
1 großes Stück frischer Ingwer (ca. 5 cm)
1 mittelgroßer Apfel
1 Zitrone

SO GEHT'S

Das Gemüse und das Obst waschen und - je nach Entsafter - in Stücke schneiden (bei meinem muss ich alles vierteln). Es ist nicht nötig, die Schalen oder die Haut von den Früchten zu entfernen. Das macht der Entsafter für dich - nur bei Zitronen sollte die Schale vorher entfernt werden.

Das gesamte Obst und Gemüse durch den Entsafter laufen lassen. Ich entsafte den Ingwer und die Zitrone gerne zusammen mit etwas voluminöserem Obst und Gemüse wie z. B. Äpfeln, damit die kleineren Stücke nicht durch den Schacht fliegen. Und ich starte immer mit den »härteren« Sorten wie z. B. Selleriestangen oder Karotten.

TIPP

Frischer Saft schmeckt am besten innerhalb von 30 Minuten nach der Herstellung. Ich bereite meine Säfte auch manchmal abends vor - maximal 24 Stunden kannst du sie dann im Kühlschrank aufbewahren.

MEIN LIEBLINGS SELLERIE-KICK-START

Selleriesaft ist in aller Munde, und das wahrscheinlich aus gutem Grund. Allerdings bin ich kein großer Fan von Sellerie pur. Aber: Aus Stangensellerie mit frischer Gurke, Zitrone und Ingwer sowie einem grünen Apfel für ein wenig Süße, wird ein Saft, den du tatsächlich jeden Tag trinken möchtest.
Aber was kann Sellerie nun? Stangensellerie wird seit Jahrhunderten zur Bekämpfung von Infektionen eingesetzt, denn Selleriesamen enthalten antimikrobielle und antibakterielle Eigenschaften. Sellerie soll außerdem das Bakterienwachstum hemmen und das Immunsystem stärken. Da er darüber hinaus harntreibende Eigenschaften hat, hilft er, Giftstoffe und Wassereinlagerungen aus dem Körper zu spülen und die Gesundheit von Leber und Nieren zu fördern. Die Verdauung wird angeregt und er kann helfen, hohe Cholesterinwerte und hohen Blutdruck zu senken. Perfekt!

FÜR 2 PORTIONEN

3-4 Selleriestangen
1 kleine Gurke
1 Apfel
1 Zitrone
1 großes Stück frischer Ingwer (ca. 5 cm)

SO GEHT'S

Den Sellerie, die Gurke und den Apfel in grobe Stücke schneiden. Die Schale der Zitrone entfernen. Die Zitrone vierteln. Den Ingwer nach Belieben schälen. Alles in einen Entsafter geben und genießen!

SELLERIE-KICK-START
ROTE-BETE-POWER
BEAUTY JUICE
GREEN GARDEN

MEHR GRÜNE DRINKS FÜR JEDEN TAG

Für all die köstlichen Saftvarianten gilt, dass Obst, Gemüse und Kräuter zunächst gewaschen werden müssen. Obst und Gemüse werden in Stücke geschnitten und Kräuter fein gehackt. Sind Zitrusfrüchte mit von der Partie, muss ihre Schale entfernt werden, ehe sie geviertelt oder geachtelt werden. Ingwer muss nicht unbedingt geschält werden, mach das, wie es dir lieber ist. Dann wandert alles in den Entsafter und fertig! Du wirst sehen - wirklich lecker und wohltuend.

FÜR JE 2 PORTIONEN

KALE-KICK

detoxapproved

1 Handvoll Grünkohl
½ Handvoll Koriander
oder glatte Petersilie
2-3 Selleriestangen
1 kleine Gurke
1 Apfel
1 Zitrone, geschält
1 Stück frischer Ingwer
(nach Belieben 2-5 cm)

MINZ-KICK

detoxapproved

2 große Handvoll Grünkohl
oder Spinat
½ Bund frische Minze
1 kleine Gurke
1 Zitrone, geschält
2 Äpfel (oder ¼ Ananas)

KURKUMA-KICK

1 Bund Spinat, Grünkohl oder Salat
3 kleine Karotten
1 Orange, geschält
1 kleine Gurke
1 Kurkumawurzel

PEARADISE GREEN

detoxapproved

3-4 Selleriestangen
1 kleine Gurke
2 Birnen
½ Bund frische Minze

GREEN GARDEN

detoxapproved

2 großzügige Handvoll Grünkohl
oder Spinat
1 kleine Gurke
½ Ananas
1 Apfel
½ Bund frische Minze

BEAUTY JUICE

Dieser Saft wird deine Haut zum Strahlen bringen! Karottensaft ist ein wahres Kraftpaket an Nährstoffen: Er enthält viel Vitamin A und Beta-Carotin und ist eine großartige Quelle für Antioxidantien. Brauchst du noch einen Grund für den Saft? Er ist herrlich erfrischend und so, so lecker!

FÜR 2 PORTIONEN
3 Karotten (ca. 200 g)
2 Orangen
1 Zitrone
1 großes Stück Ingwer (ca. 5 cm)
1 Kurkumawurzel
1 Spritzer Avocadoöl (alternativ z. B. Leinöl)

SO GEHT'S

Die Karotten in dicke Scheiben schneiden. Die Orangen und die Zitrone von ihrer Schale befreien. Den Ingwer und die Kurkumawurzel nach Belieben schälen.

Alle Zutaten entsaften, einen kleinen Spritzer Öl hinzufügen (ich verwende Avocadoöl), damit dein Körper die Nährstoffe besser aufnehmen kann, und den Saft sofort genießen.

IMMUNBÖMBCHEN

Nicht nur in der Grippesaison ein hilfreicher Immunitätsschub. Zusammen mit Orangen, Zitronen Ingwer, Kurkuma und Pfeffer ist dieser Saft nicht nur voller Geschmack, sondern er enthält auch eine kräftige Dosis Vitamin C. Ich betrachte ihn als köstliches Multivitaminpräparat ohne synthetische Vitamine oder Füllstoffe! Und das Beste: In einer Eiswürfelform tiefgekühlt kannst du die kleinen Bömbchen bei Bedarf jederzeit auftauen!

FÜR CA. 12 EISWÜRFEL
3 Zitronen
2 Orangen (oder 5 Zitronen)
1 großes Stück Ingwer (ca. 5 cm)
4 Kurkumawurzeln oder 2 großzügige EL gemahlene Kurkuma
½ TL frisch gemahlener schwarzer Pfeffer

SO GEHT'S

Die Zitronen und Orangen von ihren Schalen befreien und in Stücke schneiden. Den Ingwer und die Kurkumawurzeln nach Belieben schälen und in etwa 2 cm große Stücke schneiden.

Alle Zutaten zusammen mit 200 ml Wasser glatt pürieren. Die Mischung in kleine Eiswürfelformen füllen und über Nacht einfrieren.

TIPP

Vorsicht, besser nichts verschütten ... Kurkuma macht die fiesesten Flecken!
Ich lege die Eiswürfelform auf ein kleines Backblech, dann geht der Transport ins Gefrierfach leichter.

Bei Bedarf ein bis zwei Immunbömbchen nehmen, etwas Honig und Wasser dazugeben, umrühren und genießen! Bleib gesund!!!

GINGER SHOT

Im Herbst geht es immer wieder los ... die Erkältungszeit beginnt! Lasst uns dafür sorgen, dass wir uns nicht anstecken - was auch immer gerade umgeht. Dieser Immunbooster wird helfen: Ingwer zur Bekämpfung von Entzündungen, Zitronensaft für deine Immunität und einen gesunden Stoffwechsel! Beim kleinsten Halskratzen oder zur Vorsorge!

FÜR 2 PORTIONEN

1 TL gemahlene Kurkuma
1 Stück Ingwer (2-3 cm)
½ TL frisch gemahlener schwarzer Pfeffer
½ TL gemahlener Zimt
Saft von 1 Zitrone

SO GEHT'S

Alle Zutaten zusammen glatt pürieren, mit 200 ml warmem Wasser vermischen und genießen.

Ich trinke das in der kalten Jahreszeit jeden Tag, um mein Immunsystem zu stärken und zu versuchen, mir nichts einzufangen!

TIPP

Natürlich kannst du auch einfach frische Bio-Ingwerknolle in den Entsafter geben und dir mit dem puren Saft etwas Gutes tun!

SAFT *VERSUS* SMOOTHIE. ODER SAFT *UND* SMOOTHIE?

Es gibt immer ein bisschen Verwirrung um Säfte und Smoothies – hier ist ein kurzer Überblick zur Unterscheidung:

SÄFTE

Ein Entsafter entfernt das Fruchtfleisch und die Ballaststoffe aus dem frischen Obst und Gemüse und hinterlässt einen dünnflüssigen Saft, der vom Körper sehr schnell aufgenommen werden kann. In gewisser Weise kann das Entsaften die Essenspause zwischen dem Abendessen und der ersten Mahlzeit verlängern, weil das Verdauungssystem erst aktiviert wird, wenn du etwas Schwereres isst. Säfte enthalten keine Ballaststoffe, was sie weniger sättigend macht als Smoothies. Sie sind perfekt für alle, die morgens keinen Appetit haben. Für mich persönlich ersetzt mein frischer grüner Saft den Kaffee am Morgen - und gibt mir einen natürlichen Energieschub.

SMOOTHIES

Beim Mixen werden ganze Früchte und Gemüse püriert, ohne dass das Fruchtfleisch entfernt wird. Du erhältst ein dickflüssiges Getränk, das mehr sättigt als ein Saft. Der Körper nimmt Smoothies zwar nicht so schnell auf wie Säfte, aber sie sind trotzdem leichter zu verdauen als ein herkömmliches Frühstück, da der Mixer die Lebensmittel bereits für dich zerkleinert hat.

Beide, Säfte und Smoothies, können eine wichtige Rolle in einer ganzheitlichen Ernährung spielen. Ob du dich für das eine oder das andere entscheidest - oder wie ich für beides -, ist ganz dir überlassen.

Bedenke: Es ist IMMER am besten, diese Getränke auf leeren Magen zu genießen, damit dein Körper die Nährstoffe am besten aufnehmen kann.

IT'S SMOOTHIE TIME

DIE ZWEI WICHTIGSTEN REGELN:

1. IMMER auch Gemüse mit rein!
2. NIE mehr Obst in den Smoothie geben, als du auch so essen würdest!

BASIS PRO PERSON

Flüssigkeit ca. 200 ml

Optionen: Nuss- / Mandel- / Haferdrink, Kokosnusswasser, Tee, Wasser

GESUNDES GRÜN

Mindestens 1-2 Handvoll

Optionen: Spinat, Grünkohl, Mangold, Rucola

PROTEIN

1 EL

Optionen: Proteinpulver, Nüsse, Chiasamen, Hanfsamen, Chia-Gel: 2 EL Chiasamen, mit 4 EL Wasser vermischt

6 x Smoothie

Hier kommen Smoothie-Rezepte, die ich wirklich liebe: Die Herstellung ist denkbar einfach: Alle Zutaten in einen Mixer geben und ungefähr 45–60 Sekunden mixen, bis der Smoothie glatt und cremig ist.

MANGO TANGO

FÜR 1 PORTION

1 Handvoll Mango (frisch oder tiefgekühlt)
120 g Mandelmus (oder Haselnussmus)
2 große Medjool-Datteln
25 g Kakaopulver
60 ml Wasser
100 g Haselnüsse

PIÑA COLADA

Ich liebe diesen Smoothie, weil er so viel Aroma hat, frisch und nicht zu süß ist, und der Spinat so gut versteckt ist (super für die Kleinen)!

FÜR 1 PORTION

200 ml Kokoswasser
¼ Ananas (oder 1 Handvoll tiefgekühlte Ananas)
1 Handvoll Babyspinat
1 EL Kokosraspel

GINGER COLADA

FÜR 1 PORTION

1 Handvoll Grünkohl oder Spinat
Saft von 1 Zitrone
¼ Ananas (oder 1 Handvoll tiefgekühlte Ananas)
1–2 getrocknete Aprikosen
100 ml Wasser
100 ml Kokosdrink
1 EL Chia-Gel (siehe Rezept auf Seite 58)
1–2 TL geriebener Ingwer

MANDEL-COOKIE-SMOOTHIE

FÜR 1 PORTION

200 ml Mandeldrink
1 Handvoll frischer oder tiefgekühlter Blumenkohl
½ TL gemahlener Zimt
2 EL Chiasamen-Gel
1 Msp. Bourbon-Vanillepulver
2–3 Medjool-Datteln
1 EL Mandelmus

WILDER HEIDELBEER-SMOOTHIE

Ich liebe tiefgekühlte Wildheidelbeeren – sie sind intensiver im Geschmack und haben die volle Power aus Antioxidantien!

FÜR 1 PORTION

1 Handvoll Heidelbeeren (frisch und / oder tiefgekühlt)
1 Handvoll Babyspinat
1 EL Mandelmus oder frische Mandelkerne

VERY-BERRY-SMOOTHIE

FÜR 1 PORTION

1 Rote Bete
200 ml Wasser
4 Medjool-Datteln
1 Handvoll tiefgekühlte Beeren nach Wahl
2 EL Chia-Gel (siehe Rezept auf Seite 58)

SELBST GEMACHTES PROTEINPULVER

Irgendwie habe ich noch kein Proteinpulver entdeckt, das mir schmeckt. Entweder ist es zu süß oder zu »muffig« - da mache ich es lieber selbst! Es macht so viel Spaß, sein eigenes Proteinpulver herzustellen, UND man kann Geld sparen!

FÜR CA. 32 PORTIONEN (1 PORTION = 1 EL)
120 g Kürbiskerne
120 g Hanfsamen
120 g Mandelkerne
120 g ungekochte Quinoa

SO GEHT'S

Alle Zutaten in einen Mixer geben und mixen, bis ein feines Pulver entsteht.

1 EL des Pulvers in deinen Smoothie geben.

Luftdicht verschlossen und im Kühlschrank aufbewahrt, ist das Proteinpulver etwa 6 Monate haltbar.

WIESO PROTEIN?

Wenn du den Tag mit einem proteinreichen Smoothie beginnst, erhält dein Körper die Nährstoffe, die er braucht, um bis zum Mittagessen gesättigt und energiegeladen zu bleiben.

Viele denken, dass sie nach einem Smoothie zum Frühstück rasch wieder hungrig sein werden. Du wirst angenehm überrascht sein, wie zufrieden und gesättigt du dich fühlst, nachdem du ausreichend Eiweiß, Ballaststoffe und Fett zu dir genommen hast.

FRÜHSTÜCK

ALLES FÜR DIE SMOOTHIE BOWL

BASIS PRO PERSON
Ca. 60 ml Flüssigkeit
Optionen: Nuss- / Mandel- / Haferdrink, Kokosnusswasser, Tee, Wasser

GEMÜSE
Mindestens 1-2 Handvoll
Optionen: Spinat, Grünkohl, Blumenkohl, Rote Bete

PROTEIN
1 EL
Optionen: Proteinpulver, Nüsse, Chiasamen, Hanfsamen,
Chia-Gel: 2 EL Chiasamen mit 4 EL Wasser vermischen

GESUNDE FETTE
1 EL
Optionen: Mandelmus, Avocado, Kokosnussöl

OBST
1-2 Handvoll
Optionen: Mangos, Kirschen, Ananas, Himbeeren
Ich liebe es, tiefgekühltes und frisches Obst zu mischen.

TIPPS und TRICKS

TIEFGEKÜHLTES OBST

Für eine Smoothie Bowl brauchst du tiefgekühlte Zutaten. Du kannst auch ein paar frische Zutaten verwenden - ich liebe es zu mixen. Aber denk daran: Tiefgekühlte Früchte ergeben die besten Bowls.

CREMIGES OBST

Cremige Früchte sind am besten für die Konsistenz: Bananen, Mangos, Erdbeeren, Blaubeeren, Pfirsiche, Avocados (DETOXAPPROVED ohne Bananen und Erdbeeren).

CREMIGE FLÜSSIGKEITEN

Mit pflanzlicher Milch wird deine Bowl cremiger und weniger »eisig«. Mein Tipp: mehr Pflanzenmilch und -joghurts - weniger Wasser.

GEDULDIG SEIN

Nimm dir Zeit und beginne immer, auf einer langsamen Stufe zu mixen.

VORAUSPLANEN

Für eine tolle eisgekühlte Bowl auf Pflanzenmilchbasis kannst du deine pflanzliche Milch in Eiswürfelbehältern einfrieren.

IM MIXER »SCHICHTEN«

Am besten schichtest du im Mixer von leicht nach schwer, von flüssig nach fest, sodass deine Flüssigkeiten und frischen Früchte unten und deine tiefgekühlten Früchte oben liegen. So kommen die Messer besser in Bewegung.

GREEN SMOOTHIE BOWL

Ich liebe Smoothie Bowls am Morgen - eine super Möglichkeit, mit einer Handvoll Gemüse in den Tag zu starten und im Gegensatz zur Smoothie-Variante etwas zu kauen zu haben. Fröhlich, farbenfroh und köstlich!

FÜR 1 PORTION
1 reife Banane (tiefgekühlt für eine noch cremigere Konsistenz)
1-2 Handvoll grünes Blattgemüse (wie Spinat, Grünkohl oder Mangold)
1 Handvoll tiefgekühlte Mango- oder Ananasstücke
60 ml Flüssigkeit (z. B. Wasser, Kokoswasser oder Mandeldrink)
1 Handvoll Eiswürfel (optional)

TOPPINGS
(du kannst sie nach Belieben anpassen)
frisches Obst (z. B. Beeren, Kiwi, Apfel)
gehackte Nüsse oder Samen (z. B. Chiasamen, Mandel- oder Kürbiskerne)
Granola oder Müsli
Kokosraspel
Nussbutter (z. B. Mandel- oder Erdnussbutter)

SO GEHT'S

Zunächst die Smoothie-Basis vorbereiten. Die Banane, das Blattgemüse, die tiefgekühlten Mango- oder Ananasstücke sowie nach und nach die Flüssigkeit in einen Mixer geben. Zunächst mit 1 EL Flüssigkeit starten und wenn die Konsistenz zu dickflüssig ist, löffelweise mehr hinzufügen.

Auf höchster Stufe mixen, bis die Mischung glatt und cremig ist. Optional noch mehr Flüssigkeit oder ein paar Eiswürfel hinzufügen, um die gewünschte Konsistenz zu erreichen. Mit Toppings nach Belieben anrichten und genießen.

DETOXAPPROVED

wird die Green Smoothie Bowl, wenn du die Banane weglässt oder sie für Süße und Cremigkeit durch 2-3 Datteln ersetzt.

SCHOKO-CHIA-PUDDING
BASIC CHIA-PUDDING
HEIDELBEER-CHIA-PUDDING
HIMBEER-CHIA-PUDDING

4 x OVERNIGHT-CHIA-PUDDING

Chia-Pudding ist eine einfache, getreidefreie Alternative zum Müsli, mit einer gelartigen Textur. Chiasamen sind reich an Antioxidantien, die die Gesundheit der Haut fördern können. Ich liebe Chia-Pudding - vor allem gibt es unzählige Topping-Möglichkeiten! So viele Variationen, und alle DETOXAPPROVED. Chia-Pudding ist wirklich ein super Snack!

BASIC CHIA-PUDDING

FÜR 1-2 PORTIONEN
40 g Chiasamen
240 ml Mandeldrink
1 TL Dattelsirup
½ TL gemahlener Zimt
1 Msp. Bourbon-Vanillepulver
40 g Mandelsplitter

optional zum Servieren:
Banane, in Scheiben geschnitten - Achtung, allerdings nicht während des MO•AI-Detox!

SO GEHT'S
Chiasamen, Mandeldrink, Dattelsirup, Zimt und Bourbon-Vanillepulver in einer großen Schüssel verquirlen. Die Mandelsplitter unterrühren. Die Mischung wird anfangs recht flüssig sein.

Die Mischung in ein bis zwei luftdicht verschließbare Gläser (oder einen größeren Vorratsbehälter) füllen und für mindestens 20 Minuten in den Kühlschrank stellen, damit der Pudding fest wird. Gekühlt servieren. Dieser Pudding ist bis zu 5 Tage im Kühlschrank haltbar.

BEEREN-CHIA-PUDDING

Ich füge dem Basic Chia-Pudding supergerne 1 EL tiefgekühlte Himbeeren oder Heidelbeeren hinzu.

ZITRONEN-CHIA-PUDDING

FÜR 1-2 PORTIONEN
Abrieb von 1 großen unbehandelten Zitrone
Saft von 2 großen Zitronen
240 ml Kokosdrink
2 EL Dattelsirup
1 Msp. Meersalz
¼ TL gemahlene Kurkuma (optional für die Farbe)
40 g Chiasamen

SO GEHT'S
Den Zitronenabrieb und -saft, den Kokosdrink, den Dattelsirup, das Salz und die Kurkuma in einem Mixer pürieren, bis alles gut vermischt ist. Die Chiasamen hinzugeben und alles noch mal kurz durchmixen. Probieren und Süße und Schärfe nach Bedarf anpassen. Nach Belieben mehr Zitronensaft oder -abrieb hinzufügen und untermischen. Die Mischung auf ein bis zwei Gläser verteilen. Über Nacht in den Kühlschrank geben. Mit Zitronenabrieb garnieren und servieren.

SCHOKO-CHIA-PUDDING

FÜR 1-2 PORTIONEN
1 EL Cashewbutter
2 Dattelsirup
1 EL rohes Kakaopulver
40 g Chiasamen
frische Minze (optional zum Dekorieren)

SO GEHT'S
240 ml Wasser mit der Cashewbutter, dem Dattelsirup und dem Kakaopulver in einen Mixer geben. Pürieren, bis die Schokomilch sehr glatt ist. Die Chiasamen hinzufügen, mit einem Schneebesen gut verrühren und dann für mindestens 1 Stunde in den Kühlschrank stellen, damit der Pudding eindicken kann. Ich empfehle, ihn am Abend vor dem Essen zuzubereiten, damit du ihn direkt aus dem Kühlschrank essen kannst.

BASIC GRANOLA

Ich LIEBE Haferflocken - aber seinem Körper hie und da eine Pause zu gönnen, ist eine tolle Idee! Deshalb sind während des Detox keine Haferflocken erlaubt - hier also eine köstliche Granolavariante ohne Getreide:

FÜR 6-8 PORTIONEN

140 g Kürbiskerne
140 g Sonnenblumenkerne
110 g gehobelte Mandelkerne
20 g Kokosraspel
1 EL Chiasamen
120 g Cashews
2 EL Kokosblütenzucker
¼ TL Meersalz
½ TL gemahlener Zimt
60 g Kokosöl
60 ml Ahornsirup
1 TL Vanilleextrakt
80 g Apfelmus
(oder im Herbst z. B. Kürbispüree)

SO GEHT'S

Den Backofen auf 200 °C Ober-/ Unterhitze vorheizen.

Die Nüsse, Kerne, Samen und Flocken, den Zucker, das Salz und den Zimt in einer Schüssel vermengen.

In einem kleinen Topf das Kokosöl, den Ahornsirup, das Vanilleextrakt und das Apfelmus verrühren. Gut vermischen und über die trockenen Zutaten gießen. Alles vermengen und auf einem mit Backpapier belegten Backblech verteilen.

Das Granola auf der mittleren Schiene im vorgeheizten Backofen 20-30 Minuten backen, währenddessen regelmäßig einen Blick in den Ofen werfen, damit es nicht zu dunkel wird. Wenn es goldgelb ist, herausnehmen und vollständig abkühlen lassen, ehe es in ein Vorratsglas gefüllt wird.

TIPP

Das Granola erst zerteilen, wenn es komplett ausgekühlt ist - so erhältst du größere Stücke.

DETOXAPPROVED

Lass den Ahornsirup weg oder verwende stattdessen Dattelsirup.

NUSSMUS-GRANOLA

Granola mit Nussmus? Superschnell zubereitet und so lecker! Herrlich nussig und knusprig.

FÜR 6-8 PORTIONEN
320 g grobe Haferflocken
120 g Mandelmus oder anderes Nussmus
60 ml Ahornsirup
(oder mehr, je nach Bedarf)
½ TL gemahlener Zimt
1 Msp. Bourbon-Vanillepulver

SO GEHT'S

Den Backofen auf 200 °C Ober-/ Unterhitze vorheizen.

Alle Zutaten vermengen, auf einem mit Backpapier belegten Backblech verteilen und das Granola auf der mittleren Schiene im vorgeheizten Backofen 15 Minuten backen. Gut auskühlen lassen und in einem luftdichten Behälter aufbewahren.

SCHOKO-BEEREN-GRANOLA

Granola aus der Heißluftfritteuse ist so schnell und einfach zubereitet. Mithilfe eines solchen Gerätes kannst du in weniger als 15 Minuten frisches Granola ohne jegliche Zusatzstoffe genießen. Ich habe mir komplett abgewöhnt, Granola zu kaufen. Viel lieber mache ich es schnell selbst!

FÜR 6-8 PORTIONEN
120 g Kokosraspel
320 g grobe Haferflocken
1 Msp. Meersalz
3 EL Ahornsirup
2 EL Kokosblütenzucker
2 EL Kokosöl, geschmolzen
1 TL Vanilleextrakt
2 EL rohes Kakaopulver
3 EL gefriergetrocknete Beeren
Kakaonibs oder Schokoladenchips (optional)

SO GEHT'S
Abgesehen von den Beeren und den Kakaonibs bzw. Schokoladenchips alle Zutaten sorgfältig in einer Schüssel vermengen. Den Korb der Heißluftfritteuse mit Backpapier auslegen. Die Müslimischung in einer gleichmäßigen Schicht darauf verteilen.

Bei 180 °C etwa 10 Minuten backen und die Heißluftfritteuse dabei alle paar Minuten anhalten, um die Mischung gut zu schütteln. Das Granola ist fertig, wenn die Mischung goldbraun ist. Darauf achten, dass es nicht verbrennt.

Das Granola vorsichtig aus dem Korb der Fritteuse nehmen und auf der Arbeitsplatte vollständig abkühlen lassen. Die gefriergetrockneten Beeren und nach Belieben Kakaonibs oder Schokoladenchips hinzufügen, sobald es abgekühlt ist. In einem Vorratsglas mit Deckel aufbewahren.

TIPP
Natürlich lässt sich das Granola auch bei 180 °C im vorgeheizten Backofen zubereitet werden. Die Zubereitung dauert dann einfach etwas länger.

BASIC MÜSLI

detoxapproved

Der Klassiker - aber in gesund und ohne Gluten. Habe ich immer auf Vorrat! Superlecker auf einer Smoothie Bowl oder mit Joghurt deiner Wahl.

FÜR 6-8 PORTIONEN
160 g Kokosraspel
100 g gehobelte Mandelkerne
140 g Kürbiskerne
120 g Chiasamen
120 g Leinsamen
120 g gepuffte Quinoa oder gepuffter Amarant
½ TL gemahlener Zimt

zum Servieren:
Mandelmilch oder andere pflanzliche Milch
frisches Obst (z. B. Beeren, Apfel, Mango)
Dattelsirup (optional)

SO GEHT'S
Die Kokosraspel, Mandeln, Kürbiskerne, Chiasamen, Leinsamen, die gepuffte Quinoa und den Zimt in ein großes Glas oder einen Vorratsbehälter mit Deckel geben. Gut schütteln, um alle Zutaten zu vermengen.

Zum Servieren die Mischung in eine Schüssel geben und mit Mandeldrink, frischem Obst und nach Belieben mit etwas Dattelsirup garnieren.

Das Müsli ist bei Zimmertemperatur etwa einen Monat haltbar, solange es trocken gelagert wird. Für eine noch längere Haltbarkeit kannst du es im Kühlschrank aufbewahren.

TIPP
Du kannst jede beliebige Kombination von Nüssen, Samen und Trockenfrüchten verwenden, um deine ganz individuelle Müslimischung zusammenzustellen. Sei kreativ!

NUSSMUS-GRANOLA
SCHOKO-BEEREN-GRANOLA
BASIC GRANOLA
BASIC MÜSLI

BANANENMUFFINS

Bananenbrot kennen wir alle - wie wäre es also mal mit Muffins? Suchtgefahr!!! Ein tolles, schnelles Frühstück - oder als Nachmittagssnack -, und auch als Sonntagskuchen gehen diese Muffins prima durch!

FÜR 12 MUFFINS

2 reife Bananen
240 ml Mandelmilch
60 ml Ahornsirup
1 EL Mandelmus
210 g Mehl (ich verwende 140 g Hafermehl und 70 g Mandelmehl)
2 TL Backpulver
9 EL rohes Kakaopulver
½ Handvoll gehackte Schokolade (ungesüßt oder nur leicht gesüßt; optional)

SO GEHT'S

Den Backofen auf 180 °C Ober-/ Unterhitze vorheizen.

Die Bananen mithilfe einer Gabel zerdrücken und mit dem Mandeldrink, dem Ahornsirup und dem Mandelmus vermengen. Das Mehl und das Backpulver miteinander vermischen und rasch unter die flüssigen Zutaten rühren.

Ein Drittel des Teiges in eine weitere Schüssel geben und mit dem Kakao vermischen. Optional die gehackte Schokolade unterheben.

Zwölf Muffinförmchen, möglichst aus Silikon, je zu zwei Dritteln mit dem hellen und zu einem Drittel mit dem schokoladigen Teig befüllen.

Auf der mittleren Schiene im vorgeheizten Backofen 30-45 Minuten backen. Nach 30 Minuten die Stäbchenprobe machen. Herausnehmen, auf einem Kuchenrost abkühlen lassen und genießen.

BANANEN-HAFER-PANCAKES

Meine beiden Töchter lieben Pancakes zum Frühstück. Ich gebe absichtlich keinen Zucker in den Teig, denn am Ende kommt - na klar - ganz amerikanisch Ahornsirup darüber ... Diese Bananen-Hafermehl-Pancakes sind eine super Alternative zu den klassischen Pancakes mit Weizenmehl und Ei.

FÜR 4-6 PANCAKES

2 reife Bananen
120 ml pflanzliche Milch
120 ml Mineralwasser mit Kohlensäure
180 g Hafermehl
1 TL Backpulver
1 EL Kokosöl + etwas mehr zum Anbraten

optional zum Servieren:
Beeren
Ahornsirup

SO GEHT'S

Die Bananen mithilfe einer Gabel zerdrücken und mit den anderen Zutaten vermengen.
Den Teig glatt rühren und in kleinen, pancakegroßen Portionen in der Pfanne in Kokosöl anbraten.
Optional mit etwas Ahornsirup beträufeln und mit Beeren garniert servieren.

BAGEL BITES

Diese kleinen Brötchen sind außen knusprig und innen ganz fluffig! Kaum zu glauben, aber sie bestehen aus nur drei Zutaten. Gewälzt werden sie in meiner Lieblingsmischung: Das »Every-thing Bagel Seasoning« ist eine beliebte Mischung aus Gewürzen und Samen, die oft als Belag für Bagels verwendet wird. Es ist bekannt für seine Kombination aus würzigen Aromen und ein bisschen Knusprigkeit. Die Verwendung von »Everything Bagel Seasoning« ist aber nicht nur auf Bagels beschränkt. Sie ist eine vielseitige Mischung, die in verschiedenen Gerichten verwendet werden kann, um den Geschmack zu verfeinern, z. B. für Avocado-Toast, gebratenes Gemüse oder Kartoffeln, selbst gebackenes Brot oder Pizzakruste, Salate, Suppen oder Nudelgerichte. Im Handel gibt es fertige Würzmischungen für Bagels, aber du kannst sie auch ganz einfach selbst machen, indem du die einzelnen Zutaten in dem von dir gewünschten Verhältnis mischst.

FÜR 6 BAGEL BITES

230 g Joghurt (z. B. Kokosjoghurt)
140 g Mehl (ich verwende glutenfreies Mehl)
1 Msp. Meersalz
Gewürzmischung »Everything Bagel Seasoning« (siehe unten)

GEWÜRZMISCHUNG »EVERYTHING BAGEL SEASONING

FÜR 1 KLEINES GLAS

2 EL Mohn
1 EL weiße Sesamsaat
1 EL schwarze Sesamsaat
1 EL + 1 TL Knoblauchgranulat
1 EL + 1 TL Zwiebelgranulat
2 TL Meersalzflocken

SO GEHT'S

Werden die Bagel Bites im Backofen gebacken, diesen auf 160 °C Umluft vorheizen.

Den Joghurt, das Mehl und das Salz zu einem Teig vermengen. Mit einem Teelöffel kleine Nocken abstechen, diese zu Bällchen formen und in der Gewürzmischung wälzen. Auf einem mit Backpapier belegten Backblech 10–15 Minuten im Backofen oder wahlweise auf etwas Backpapier im Korb der Heißluftfritteuse backen. Die Bagel Bites während des Backvorgangs regelmäßig schütteln und nach 10 Minuten prüfen, ob sie fertig sind. Die Bällchen kommen bei der ganzen Familie gut an!

DETOXAPPROVED

Mit glutenfreiem Mehl und veganem Joghurt sind die Bagel Bites ein super Snack!

GEWÜRZMISCHUNG

Den Mohn, die Sesamsaat, den getrockneten Knoblauch, die getrockneten Zwiebeln und das Meersalz gut vermengen. In einem luftdicht verschließbaren Glas ist die Gewürzmischung mehrere Monate haltbar.

LIFECHANGING BROT

DER NAME IST PROGRAMM!
Das Brot verändert dein Leben wirklich - so gesund, so schnell zubereitet und so köstlich. Ich bewahre es immer 2-3 Tage im Kühlschrank auf, schneide es dann komplett auf und friere es ein - so habe ich einzelne Scheiben nach Bedarf griffbereit.

BROT OHNE HAFERFLOCKEN

detoxapproved

Hier ist eine Version, die auch während des 21-Tage-Detox erlaubt ist.

FÜR 1 BROT
180 g gekochter Vollkornreis
180 g gekochte Quinoa
2 EL Flohsamenschalen (bitte nicht weglassen, sie sorgen für die nötige Bindung!)
60 g Leinsamen
50 g Sonnenblumenkerne
50 g Kürbiskerne
40 g gehobelte Mandelkerne
40 g Walnusskerne
1 TL Meersalz

SO GEHT'S
Den Backofen auf 180 °C Ober-/Unterhitze vorheizen. Alle Zutaten vermengen. 60-80 ml lauwarmes Wasser hinzugeben und gut umrühren. Eine Kastenform mit Backpapier auslegen, den Teig hineingeben und 30 Minuten quellen lassen. Auf der mittleren Schiene im vorgeheizten Backofen 60 Minuten backen. Das Brot vollständig abkühlen lassen, aus der Form stürzen und genießen!
Das Brot lässt sich sehr gut geschnitten einfrieren und nach Bedarf im Toaster aufbacken.

BROT MIT HAFERFLOCKEN

Dieses Brot musst du unbedingt probieren! So köstlich mit den Feigen und Walnüssen! Diese Version des Lifechanging Brots ist leider nicht detoxkonform.

FÜR 1 BROT
320 g glutenfreie Haferflocken
2 EL Flohsamenschalen
60 g Leinsamen
50 g Sonnenblumenkerne
50 g Kürbiskerne
40 g Walnusskerne, grob gehackt
60 g getrocknete Feigen, grob zerkleinert, oder andere getrocknete Früchte
1 TL Meersalz

SO GEHT'S
Den Backofen auf 180 °C Ober-/Unterhitze vorheizen.

Alle Zutaten vermengen, 120 ml lauwarmes Wasser hinzugeben und gut umrühren. Eine Kastenform mit Backpapier auslegen, den Teig hineingeben und 30 Minuten quellen lassen.

Auf der mittleren Schiene im vorgeheizten Backofen 60 Minuten backen. Das Brot vollständig abkühlen lassen, aus der Form stürzen und genießen!

TIPP
Probiere unbedingt auch andere Nüsse und getrocknete Früchte aus!

AVO BEAN SMASH

Ich kann es nicht oft genug sagen: ISS MEHR BOHNEN! Bohnen sind dein Geheimnis für Langlebigkeit! Wenn du Bohnen zu deiner Ernährung hinzufügst, kann das der Schlüssel zu einem längeren, gesünderen Leben sein. Die Forschung zeigt, dass der regelmäßige Verzehr von Bohnen das Risiko von Herzkrankheiten senken und die Lebenserwartung erhöhen kann. Vollgepackt mit Nährstoffen, Ballaststoffen und Proteinen sollten Bohnen unbedingt häufiger auf dem Teller landen.

FÜR 2 PORTIONEN

1 kleine Avocado
220 g gekochte weiße Bohnen
1 TL Zitronensaft
1 Msp. Meersalz

zum Servieren:
Koriander, glatte Petersilie oder Schnittlauch
1 Msp. getrocknete Chiliflocken und 1-2 Zitronenspalten (optional)

SO GEHT'S

Die Avocado halbieren, von Schale und Kern befreien und das Fruchtfleisch grob würfeln. Die Bohnen abbrausen und abtropfen lassen.

Danach die Avocado und die Bohnen gemeinsam in eine Schüssel geben und mithilfe einer Gabel zerdrücken. Den Zitronensaft und das Salz nach Geschmack hinzufügen und untermengen.

Mit Kräutern bestreuen und optional mit getrockneten Chiliflocken und Zitronenspalten garnieren. Mit Rohkoststicks oder auf optional getoastetem Brot genießen!

VEGANER »THUNFISCH«-SALAT

Thunfischsalat auf Kicherbsenbasis: ein Meer von frischen Aromen - und das ganz ohne Fisch! Ich liebe die kleinen Salatgurken darin!!! Und das Tollste: Durch die Kichererbsen ist dieser Salat bzw. Aufstrich vollgepackt mit Protein.

FÜR 2 PORTIONEN
220 g gekochte Kichererbsen
40 g eingelegte Gurken (ohne Zuckerzusatz)
½ rote Zwiebel
2 EL Mandelkerne
1 EL Gurkenwasser
60 g vegane Mayonnaise
Meersalz
frisch gemahlener schwarzer Pfeffer

SO GEHT'S

Die Kichererbsen abbrausen und abtropfen lassen. Auf einem sauberen Küchentuch auslegen und mit einem weiteren Küchentuch darauf abreiben - so lösen sich die Schalen und die Kichererbsen sind besser bekömmlich.

Die Kichererbsen sanft mit einer Gabel zerdrücken und in eine Schüssel geben. Die eingelegten Gurken fein hacken, die Zwiebel abziehen und fein würfeln und die Mandelkerne fein hacken. Alles zusammen mit dem Gurkenwasser und der Mayonnaise zu den Kichererbsen geben. Gut verrühren und nach Belieben mit Salz und Pfeffer abschmecken. Mit Rohkoststicks, Salat oder Brot genießen!

DETOXAPPROVED

wird der »Thunfisch«-Salat, wenn die vegane Mayonnaise kein Soja enthält.

GRANOLA-BUTTER

In Amerika sind Nüsse an allen Schulen verboten, weil für schwer allergische Kinder bereits winzige Spuren von Erdnuss- oder Nussstaub in der Luft oder auch Erdnuss- oder Nussrückstände auf einer Oberfläche wie dem Mittagstisch lebensbedrohlich sein können. So ist die Idee für diese Granola-Butter entstanden. Bei Allergien kannst du einfach die Haselnusskerne durch Haferflocken oder z. B. Sonnenblumenkerne ersetzen.

FÜR 6-8 PORTIONEN
160 g Haferflocken
120 g Haselnusskerne oder Walnusskerne
45 g Kürbiskerne
3 EL Ahornsirup
1 Msp. Bourbon-Vanillepulver
½ TL gemahlener Zimt
1 Msp. Meersalz
1-3 EL Kokosöl

SO GEHT'S

Die Haferflocken und Haselnusskerne bei 180 °C 10-15 Minuten im vorgeheizten Backofen rösten.

Alle Zutaten zu einem glatten Teig vermischen. Das Kokosöl dient zur Verdünnung - zunächst mit 1 EL starten und nach und nach etwas mehr Öl hinzufügen, falls das Mus zu dickflüssig ist.

Die Granola-Butter kann im Kühlschrank etwa 1 Monat aufbewahrt werden - sie wird aber vermutlich nicht so lange halten. :-)

SELBST GEMACHTE NUSS-NOUGAT-CREME

Ich bin großer Fan vom SELBERMACHEN - Wenn du zum Beispiel deinen eigenen Nuss-Nougat-Aufstrich zu Hause herstellst, sparst du Geld und kannst genau kontrollieren, welche Zutaten du verwendest.

FÜR 6-8 PORTIONEN

240 g Haselnusskerne
4 EL rohes Kokaopulver
80 ml Ahornsirup
1 Msp. Bourbon-Vanillepulver
30 g Kokosöl + 2 EL für die Cremigkeit (optional)

DETOXAPPROVED

wird die Creme, wenn anstelle von Ahornsirup Dattelsirup verwendet wird.

SO GEHT'S

Den Backofen auf 200 °C Ober-/Unterhitze vorheizen und die Haselnusskerne 6-8 Minuten oder bis sie anfangen, braun zu werden, rösten. Anschließend in einem Küchenhandtuch aneinanderreiben, um die Schalen zu entfernen.
Es ist in Ordnung, wenn sich ein paar hartnäckige Häute nicht ablösen lassen.

Die Nüsse in einem Hochleistungsmixer zerkleinern, bis sie sich in Butter verwandelt haben (das dauert bestimmt 10 Minuten - zwischendurch muss die Masse an den Seiten immer wieder mit einem Teigschaber nach unten geschoben werden).

Dann alle anderen Zutaten außer dem Öl hinzugeben und glatt pürieren, bis die Masse sämig ist und glänzt! Ist sie zu trocken, nach und nach etwas Öl hinzugeben.

Die selbst gemachte Nuss-Nougat-Creme hält sich im Küchenschrank bis zu 2 Wochen, im Kühlschrank bis zu 2 Monate.

CHIAKONFITÜRE

Konfitüre enthält wahnsinnig viel Zucker - diese Chiasamenversion ist einfach perfekt und trotz wenig Süße verdammt lecker und fruchtig!

FÜR 6-8 PORTIONEN
300 g frische oder tiefgekühlte Früchte (z. B. Beeren oder Steinobst, gerne auch gemischt)
2 EL Chiasamen
1 EL frisch gepresster Zitronensaft
1-2 EL Ahornsirup (optional)

SO GEHT'S
Die Früchte in einem kleinen Topf auf mittlerer Stufe erhitzen und gelegentlich umrühren, bis die Früchte anfangen zu zerfallen und zu blubbern. Nach Belieben mit einem Löffel nur leicht zerdrücken oder mit einem Mixer bis zur gewünschten Konsistenz pürieren.

Danach die Chiasamen und den Zitronensaft einrühren, bis alles gut vermischt ist. Dann abschmecken und bei Bedarf **1-2** EL Ahornsirup unterrühren.

Vom Herd nehmen und 5 Minuten abkühlen lassen (die Konfitüre wird beim Abkühlen deutlich dicker).

Ein letztes Mal gut umrühren, dann sofort servieren oder in einen verschließbaren Behälter füllen. So ist die Konfitüre bis zu 1 Woche im Kühlschrank haltbar oder bis zu 3 Monate im Gefrierfach.

DETOXAPPROVED
wird die Konfitüre ohne Ahornsirup oder wenn anstelle des Ahornsirups Dattelsirup verwendet wird.

PASTA

SESAMNUDELN

Die Sesamnudeln waren eines meiner ersten Detoxrezepte und sind seitdem eines der absoluten Lieblingsrezepte in der Community! Probiere sie unbedingt einmal! Die Kombination aus rohem Gemüse und der Sesamsauce mit den Reisnudeln ist unschlagbar. Sie sind kalt oder warm der absolute Genuss.

FÜR 2 PORTIONEN

Für die Pasta
200 g asiatische Reisnudeln
1 mittelgroße Karotte
½ Kopf Rotkohl
2 Handvoll Koriander
2 EL Sesamsaat

Für die Sauce
1 großes Stück Ingwer (nach Belieben 2–5 cm)
4 EL Sesamöl
1 EL Reisessig
2 EL Kokos-Aminos
1 EL Sambal Oelek (optional)

SO GEHT'S

Die Reisnudeln gemäß den Anweisungen auf der Verpackung kochen und gut abtropfen lassen. In eine große Schüssel geben.

Die Karotte und den Rotkohl fein hobeln. Den Koriander grob hacken. Die Karotte, den Rotkohl, den Koriander und den Sesam zu den Reisnudeln geben und gut vermischen.

Den Ingwer schälen und reiben. Die anderen Zutaten für die Sauce hinzugeben und vermischen. Hierfür kann ein Mixer verwendet werden.

Die fertige Sauce zu der Reisnudel-Gemüse-Mischung geben und alles gut umrühren.

Sofort servieren und genießen!

BROKKOLI-THAINUDELN

Diese Brokkoli-Thainudeln sind lebensverändernd: Wenn du extra mehr Sauce machst und tiefgekühlten Brokkoli verwendest, hast du in kürzester Zeit ein nahrhaftes und köstliches Mittagessen!

FÜR 2 PORTIONEN
1 Brokkoli
1 EL Olivenöl
200 g Vollkornreisnudeln

<u>Für die Sauce</u>
120 g Mandelmus
60 ml Kokos-Aminos oder Tamari
60 ml Limettensaft
1 Stück Ingwer (ca. 1-2 cm)
2 EL Reisessig
1 EL Sesamöl
1 EL Ahorn- oder Dattelsirup (oder mehr nach Bedarf)

SO GEHT'S

Den Backofen auf 200 °C Umluft vorheizen.

Die Brokkoliröschen zunächst in mundgerechte Stücke schneiden. Je kleiner die Brokkolistücke sind, desto schneller werden sie gar und knusprig.

Die Brokkolistücke auf einem Backblech verteilen, mit Olivenöl beträufeln und im Backofen etwa 10-15 Minuten leicht goldbraun und knusprig backen. In der Zwischenzeit die Reisnudeln in einem großen Topf mit reichlich Salzwasser nach Packungsanweisung kochen.

Alle Zutaten für die Sauce zusammen mit 1 EL Wasser in einen Mixer geben und glatt pürieren. Die Reisnudeln und den Brokkoli vermengen, das Dressing darübergeben und servieren.

TIPP

Von der Sauce UNBEDINGT mehr machen! Sie ist einfach zu köstlich und lässt sich auch für allerhand andere Gerichte und Snacks verwenden!

»DRUNKEN« NOODLES ODER: SOJANUDELN OHNE SOJA

Hier zeige ich dir ein sehr typisches »Take out«-Gericht, aber eben ohne Glutamat, Gluten und Soja. Und das Beste: Du weißt genau, was drin ist, nämlich nur Gesundes! Ich liebe die süßsaure Kombination aus Balsamico-Essig und Kokos-Aminos.

FÜR 2 PORTIONEN

200 g Reisnudeln
3 EL Olivenöl
3–4 Knoblauchzehen
1 Stück Ingwer (1–2 cm)
200 g Champignons
3 EL Balsamico-Essig
60 ml Kokos-Aminos
1 TL Kokosblütenzucker

Optional

1 Brokkoli
2 große Karotten
1 Handvoll Frühlingszwiebeln und Sesamsaat zum Servieren

SO GEHT'S

Die Reisnudeln nach Packungsanweisung kochen.

Das Olivenöl in einer großen Pfanne erhitzen. Den Knoblauch abziehen und klein hacken, den Ingwer schälen und reiben. Beides zur Pfanne hinzufügen und anbraten, bis es duftet.

Die Champignons von Schmutz befreien, in Würfel schneiden und zusammen mit den Kokos-Aminos, dem Balsamico-Essig und dem Kokosblütenzucker in die Pfanne geben. Optional den Brokkoli in Röschen zerteilen sowie die Karotten in dünne Scheiben schneiden und alles in der Pfanne anbraten.

Wenn das Gemüse gar ist, die Reisnudeln dazugeben und gut vermengen. Mit ein paar fein geschnittenen Frühlingszwiebeln und etwas Sesam servieren und genießen.

TIPP

Im Asia-Laden findest du bestimmt so köstliche breite Reispasta wie auf dem Rezeptbild.

PASTA MIT GRÜNKOHLPESTO

Als ich vor einigen Jahren bewusst angefangen habe, so viel wie möglich selber zu machen, war Pesto eines der ersten Dinge, die ich nicht mehr im Laden kaufen wollte. Es ist einfach unglaublich schnell zubereitet und man weiß ganz genau, was drin ist. Ich füge gerne noch Spinat für eine Extraportion GRÜN hinzu.

FÜR 2 PORTIONEN
250 g glutenfreie Penne oder Pasta nach Wahl
1 Knoblauchzehe
2 großzügige Handvoll Grünkohlblätter (oder Spinat oder Rucola)
½ TL Meersalz
4-6 EL Olivenöl
40 g Mandel- oder Walnusskerne
Chiliflocken und Mandelblättchen zum Bestreuen (optional)

SO GEHT'S

Die Penne in einem großen Topf mit reichlich Salzwasser nach Packungsanweisung kochen.
In der Zwischenzeit den Knoblauch abziehen und zusammen mit den übrigen Zutaten in einem Mixer pürieren.
Die Penne abgießen und mit dem grünen Pesto gut vermischen. Nach Belieben mit Chiliflocken und Mandelblättchen bestreuen und genießen. Luftdicht verschlossen ist das Grünkohlpesto im Kühlschrank 7 Tage haltbar.

TIPP

Alle, denen Pesto mit rohem Grünkohl heikel erscheint, können diese Variante versuchen:

250 g glutenfreie Penne oder Pasta nach Wahl
2-4 Knoblauchzehen
1 großzügige Handvoll Grünkohl
1 ½ EL Olivenöl
1 EL Hefeflocken
Meersalz
frisch gemahlener schwarzer Pfeffer

Den Knoblauch abziehen. Den Grünkohl vom Mittelstrunk und den harten Stielen befreien und in mundgerechte Stücke zupfen.

Die Blätter und die ganzen Knoblauchzehen zu den Nudeln in den Topf geben und 5 Minuten mitgaren. Den Grünkohl und den Knoblauch herausfischen und in einem Mixer zusammen mit dem Öl, den Hefeflocken und etwas Salz und Pfeffer pürieren. Nach Bedarf etwas von dem Nudelwasser hinzufügen.

PASTA MIT ZUCCHINIPESTO

Mal wieder zu viele Zucchinis im Garten geerntet? Oder eingekauft und nicht wirklich einen Plan? Hier kommt gebratenes Zucchinipesto, eine köstliche Abwandlung eines beliebten Klassikers.

FÜR 2 PORTIONEN
2-3 kleine Zucchini
250 g glutenfreie Spaghetti oder Pasta nach Wahl
140 g Pinienkerne oder Mandelkerne
1-2 Handvoll frisches Basilikum
1 Handvoll Babyspinat
½ TL Meersalz
½ TL frisch gemahlener schwarzer Pfeffer
4-6 EL Olivenöl
1 Knoblauchzehe (optional)
1 frische Chilischote (optional)
veganer Parmesan zum Servieren (optional; siehe Rezept auf Seite 107)

SO GEHT'S

Den Backofen auf 200 °C Umluft vorheizen.

Die Zucchini in Scheiben schneiden. Auf einem mit Backpapier ausgelegten Backblech verteilen und auf der mittleren Schiene im vorgeheizten Backofen etwa 10 Minuten rösten (das klappt alternativ auch super in der Heißluftfritteuse).

Die Spaghetti in einem großen Topf mit reichlich Salzwasser nach Packungsanweisung kochen.

Alle Zutaten einschließlich der gerösteten Zucchini sowie nach Belieben Knoblauch und Chili pürieren, bis eine glatte Sauce entsteht.

Das Zucchinipesto mit den gekochten Spaghetti vermischen, optional noch etwas selbst gemachten Parmesan darüberstreuen und servieren.

TIPP
Probiere mal Spaghetti aus Vollkornreis – die kann ich sehr empfehlen!

PASTA MIT MINZ-PISTAZIEN-PESTO

Mehr Sommer in einem Pesto geht nicht! Minze, Pistazien und Zitrone - diese köstliche Sommerkombination schmeckt natürlich auch im Winter, aber im Sommer eben besonders gut!

FÜR 2 PORTIONEN

200 g glutenfreie Spaghetti oder Pasta nach Wahl
150 g Pistazien ohne Schale
1 unbehandelte Zitrone
1 Knoblauchzehe
2 Handvoll frisches Basilikum
2 Handvoll frische Minze
1 EL Hefeflocken
1 TL natives Olivenöl
½ TL Meersalz
¼ TL frisch gemahlener schwarzer Pfeffer

SO GEHT'S

Die Spaghetti in einem großen Topf mit reichlich Salzwasser nach Packungsanweisung kochen.

Die Pistazien ohne die Zugabe von Öl in einer Pfanne rösten.

Die Zitrone abreiben und auspressen. Den Knoblauch abziehen und klein hacken.

Das Basilikum, die Minze, die Hefeflocken und das Olivenöl gemeinsam mit den gerösteten Pistazien, dem Zitronenabrieb und dem Zitronensaft sowie dem Knoblauch pürieren, bis das Pesto glatt und cremig ist.

Mit Salz und Pfeffer abschmecken und mit den Nudeln vermengt servieren.

BASILIKUMPESTO-SALAT

Dieser lauwarme Pesto-Pasta-Salat ist meine erste Wahl, wenn ich ein Rezept empfehle, das auch kalt am nächsten Tag sehr lecker ist.

FÜR 2 PORTIONEN

250 g glutenfreie Farfalle oder Pasta nach Wahl
1 Schalotte
1 Knoblauchzehe
1 Handvoll frisches Basilikum
100 g Pinienkerne + etwas mehr zum Servieren
4-6 EL Olivenöl
2 EL frisch gepresster Zitronensaft
Meersalz
frisch gemahlener schwarzer Pfeffer
2 Handvoll Rucola
1 große Karotte
Chiliflocken zum Servieren (optional)

SO GEHT'S

Die Farfalle in einem großen Topf mit reichlich Salzwasser nach Packungsanweisung kochen.

Die Schalotte und den Knoblauch abziehen und klein hacken. Das Basilikum, die Pinienkerne, das Olivenöl und den Zitronensaft glatt pürieren. Mit Salz und Pfeffer abschmecken und das Pesto mit den Farfalle vermengen.

Die Karotten fein würfeln und zusammen mit den Farfalle in einer Schüssel vermengen.

Mit Pinienkernen und Chiliflocken garnieren und sofort genießen (oder kalt am nächsten Tag essen).

TIPP

Probiere dieses Rezept unbedingt mit Vollkornreispasta, sie passt so gut zum Basilikumpesto!

MEHR PESTO-VARIATIONEN

AVOCADOPESTO

detoxapproved

FÜR 2 PORTIONEN

1 reife Avocado
1 Knoblauchzehe (optional)
1 Handvoll Basilikum
Saft von 1 ½ Zitronen
2 EL Olivenöl
Meersalz

SO GEHT'S

Die Avocado von Schale und Kern befreien. Die Knoblauchzehe abziehen. Alle Zutaten zusammen mit 2 EL Wasser in einen Mixer geben und glatt und cremig pürieren. Bei Bedarf etwas mehr Wasser hinzugeben.

BASILIKUMPESTO

detoxapproved

FÜR 2 PORTIONEN

1 Handvoll Babyspinat
1 Handvoll Basilikum
120 g Pinienkerne
4-6 EL Olivenöl
Meersalz
frisch gemahlener schwarzer Pfeffer

SO GEHT'S

Alle Zutaten in einen Mixer geben und glatt und cremig pürieren.

GETROCKNETE-TOMATEN-PESTO

FÜR 2 PORTIONEN

80 g getrocknete Tomaten
120 g Walnusskerne
4-6 EL Olivenöl
Meersalz
frisch gemahlener schwarzer Pfeffer

SO GEHT'S

Alle Zutaten in einen Mixer geben und glatt und cremig pürieren.

KICHERERBSEN-PESTO

detoxapproved

FÜR 2 PORTIONEN

1 Knoblauchzehe
1 Handvoll Basilikum
220 g gekochte Kichererbsen
4-6 EL Olivenöl
Abrieb und Saft von 1 unbehandelten Zitrone
Meersalz
frisch gemahlener schwarzer Pfeffer
½ TL Chiliflocken (optional)

SO GEHT'S

Die Knoblauchzehe abziehen. Alle Zutaten in einen Mixer geben und glatt und cremig pürieren.

TIPP

Für den Crunch unbedingt Cashewkerne über die vermengte Pasta geben. Dazu einfach 150 g Cashewkerne im Mixer zerkleinern und im vorgeheizten Backofen bei 180 °C Ober-/Unterhitze 5-10 Minuten auf der mittleren Schiene rösten.

BASILIKUMPESTO
AVOCADOPESTO
GETROCKNETE-TOMATEN-PESTO
KICHERERBSENPESTO

PASTA ALFREDO

Supercremige und leckere Pasta mit Blumenkohl! Blumenkohl ist eine hervorragende Quelle für Vitamine und Mineralstoffe, darunter Vitamin C, Folsäure und Vitamin K. Darüber hinaus enthält Blumenkohl einen hohen Anteil an Ballaststoffen, die wichtig für die Gesundheit des Verdauungstraktes sind und das Risiko für verschiedene chronische Krankheiten verringern können. (Und pssst: Blumenkohl lässt sich großartig in Saucen verstecken und kein Kind bemerkt es ...)

FÜR 2 PORTIONEN
250 g glutenfreie Spaghetti oder Pasta nach Wahl
1 Blumenkohl
1 kleine Zwiebel
1-2 Knoblauchzehen
1 TL Olivenöl
240 ml Mandeldrink
Saft von ½ Zitrone
3 EL Hefeflocken + etwas mehr zum Servieren (optional)
¼ TL Muskatnuss
Meersalz
frisch gemahlener schwarzer Pfeffer
Chiliflocken und veganer Parmesan zum Servieren (optional)

SO GEHT'S
Die Spaghetti in einem großen Topf mit reichlich Salzwasser nach Packungsanweisung kochen.

Den Blumenkohl in kleine Röschen zerteilen und in einem Topf mit Salzwasser kochen, bis er gar ist. Die Zwiebel und den Knoblauch abziehen und klein hacken, dann in einer Pfanne in Olivenöl anschwitzen, bis die Zwiebel weich wird.

Den Blumenkohl, die Zwiebel-Knoblauch-Mischung, den Mandeldrink, den Zitronensaft, die Hefeflocken und die Muskatnuss zusammen mit 120 ml Wasser sowie etwas Salz und Pfeffer in einen Mixer geben und glatt pürieren.

Die Sauce über die Spaghetti gießen und mit ein paar Chiliflocken und Hefeflocken oder selbst gemachtem Parmesan bestreuen.

Das Rezept für den veganen Käse ist sehr einfach:
90 g Cashewkerne in einem Mixer zerkleinern und mit 3 EL Hefeflocken und 3/4 TL Meersalz vermengen. Luftdicht verschlossen und um Kühlschrank aufbewahrt, ist die Mischung bis zu 6 Monate haltbar.

ZITRONENPASTA

Ein langer Tisch im Garten, Platz für alle und eine riesige Schüssel Zitronenpasta. So sieht ein perfekter Samstagnachmittag im Sommer aus!

FÜR 2 PORTIONEN
40 g Cashewkerne
250 g glutenfreie Spaghetti
Abrieb von 2 großen unbehandelten Zitronen
Saft von ½ großen Zitrone
1 Knoblauchzehe, geschält
1 TL Hefeflocken
½ TL Meersalz
2 EL Olivenöl
3 EL veganer Parmesan
(siehe Rezept auf Seite 107)

Zum Servieren (optional)
50 g Pistazien ohne Schale
2 EL Ahornsirup
¼ TL Paprikapulver
Meersalz

SO GEHT'S
Die Cashewkerne 30 Minuten in sehr heißem Wasser einweichen. Die Spaghetti nach Packungsangaben kochen.

In der Zwischenzeit die Pistazienkerne zum Garnieren in einer kleinen Pfanne etwa 5 Minuten rösten. Ahornsirup, Paprikapulver und Salz hinzufügen und gut umrühren, bis die Kerne knusprig sind. Bis zum Servieren beiseitestellen.

Während die Spaghetti kochen, die eingeweichten Cashewkerne, den Zitronenabrieb und -saft, die Knoblauchzehe, die Hefeflocken, das Salz und das Olivenöl mit 200 ml Wasser pürieren, bis alles glatt ist - etwa 1 Minute. Die Sauce sollte dünnflüssig sein, etwa wie die Konsistenz von pflanzlicher Milch.

Die Sauce in eine große flache Pfanne geben. Etwa 240 ml des Nudelwassers aufheben.

Dann die Nudeln abgießen. 100 ml des aufgehobenen Nudelwassers zur Sauce geben und alles gut verrühren. Die abgetropften Spaghetti zu der Sauce in die Pfanne geben und auf mittlerer Stufe in der Sauce schwenken. Die Sauce erscheint recht dünn, aber keine Sorge! Nach 3-5 Minuten wird sie eindicken und an den Nudeln haften bleiben. Umrühren, bis die Sauce die Spaghetti vollständig bedeckt.

Den veganen Parmesan hinzufügen und die Nudeln ein letztes Mal durchschwenken. Wenn die Sauce zu dickflüssig erscheint, einfach etwas von dem restlichen Nudelwasser hinzugeben, bis die gewünschte Konsistenz erreicht ist. Sofort servieren und mit den gerösteten Pistazien garnieren.

DETOXAPPROVED
wird das Rezept mit Kokosblütenzucker statt Ahornsirup.

TOMATENSAUCE

Viele gekaufte Tomatensaucen enthalten Zucker - achte mal beim nächsten Einkauf darauf! Es ist einfach immer am besten, Dinge von Grund auf selbst zu machen, anstatt sie im Laden zu kaufen - hier ist ein großartiges Beispiel dafür, wie einfach und gesund es tatsächlich ist, dies zu tun.

FÜR 2 PORTIONEN

1-2 Knoblauchzehen
2 Handvoll Kirschtomaten
2 EL Olivenöl
250 g Pasta nach Wahl
1 Handvoll frisches Basilikum
1 ½ TL italienische Kräuter (ich liebe diese Mischung: Oregano, Majoran, Thymian, Basilikum, Rosmarin, Salbei)
3 Selleriestangen (optional)
Meersalz
frisch gemahlener schwarzer Pfeffer

SO GEHT'S

Den Backofen auf 200 °C Ober-/Unterhitze vorheizen.

Die Knoblauchzehen abziehen und gemeinsam mit den Tomaten (wenn diese größer sind, besser halbieren) und dem Olivenöl 10-15 Minuten auf der mittleren Schiene im Backofen rösten.

Die Pasta nach Packungsangaben kochen.

Nach dem Rösten die Tomaten und Knoblauchzehen zusammen mit allen anderen Zutaten pürieren.

Bei Bedarf die Selleriestangen hinzufügen - die liebe ich sehr für einen extra Gemüsekick! Alles weiterpürieren, bis die Sauce cremig ist. Mit Salz und Pfeffer abschmecken.

Die Sauce zusammen mit der Pasta anrichten. FERTIG.

ONE POT PASTA

Schneller und unkomplizierter geht es wirklich nicht! Wenn du erst in den Genuss von »ONE POT PASTA«-Gerichten gekommen bist, willst du nie wieder mit mehreren Töpfen kochen!

FÜR 2 PORTIONEN
2 Knoblauchzehen
250 g Kirschtomaten
oder Tomatenstücke aus der Dose
500 ml Gemüsebrühe
250 g Spaghetti oder Linguine
2 Handvoll frische Basilikumblätter
½ TL frisch gemahlener schwarzer Pfeffer
2 EL Kapern (optional)
Olivenöl und veganer Parmesan zum Servieren (optional; siehe Rezept auf Seite 107)

SO GEHT'S
Den Knoblauch abziehen und hacken. Die Kirschtomaten halbieren.

Die Gemüsebrühe in einem großen Topf in 500 ml heißem Wasser auflösen.

In denselben Topf die Spaghetti, den Knoblauch, die halbierten Kirschtomaten, das Basilikum und den Pfeffer sowie optional die Kapern geben. Alles zum Kochen bringen.

Anschließend 9–11 Minuten auf mittlerer Stufe köcheln lassen und die Pasta ab und an mit einer Zange wenden, bis die Flüssigkeit fast vollständig verdampft ist. Wenn die Spaghetti noch zu sehr al dente sind, mehr Wasser hinzufügen und weiterköcheln lassen.

Die One Pot Pasta mit einem Spritzer Olivenöl und etwas veganem Parmesan (siehe Rezept auf Seite 107) servieren.

REIS *UND* QUINOA

BROKKOLI-QUINOA-SALAT

Dieses Gericht ist sehr unscheinbar, aber völlig zu Unrecht, denn es ist die totale Geschmacksexplosion - dank des Dressings. Wer hätte gedacht, wie gut Brokkoli und Quinoa miteinander harmonieren.

FÜR 2 PORTIONEN

1 Brokkoli
½ rote Zwiebel
250 g gekochte Quinoa
70 g Cashewkerne
2 EL Sesamsaat

Thai-inspiriertes Dressing

Saft von 1 Limette
1 Stück Ingwer (1-2 cm)
120 g cremiges Mandelmus
60 ml Kokos-Aminos
2 EL Reisessig
1 EL Sesamöl
1-2 Medjool-Datteln (optional)

SO GEHT'S

Den Brokkoli in Röschen zerteilen und gegebenenfalls in kleinere Stücke schneiden, falls die Röschen zu groß sind.

In einem Topf Wasser zum Kochen bringen und die Brokkoliröschen etwa 1-2 Minuten im köchelnden Wasser garen. In ein Sieb abgießen und mit eiskaltem Wasser abschrecken.

Die Zwiebel abziehen und fein würfeln. Zusammen mit dem Brokkoli und der gekochten und abgekühlten Quinoa in einer Schüssel vermengen und beiseitestellen.

Die Limette auspressen. Den Ingwer schälen und fein reiben. Beides zusammen mit den anderen Zutaten für das Dressing und mit 1 EL Wasser in einen Mixer geben und glatt pürieren.

Das Dressing über die Brokkoli-Quinoa-Mischung in die Schüssel geben und alles gut vermengen. Die Cashewkerne grob hacken und zusammen mit dem Sesam über den Salat streuen. Lecker!

TIPP

Quinoa koche ich immer im Verhältnis 1:2, also 1 Tasse Quinoa mit 2 Tassen Wasser.

GEBRATENE QUINOA MIT ANANAS

Ich liebe gegrillte Ananas, und dieses Gericht erinnert mich an genau diesen Geschmack. Sommerlich frisch, und dank Quinoa auch sättigend!

FÜR 2 PORTIONEN

Für das Dressing
1 Stück Ingwer (1-2 cm)
1 EL Sesamöl
60 ml Kokos-Aminos
4 EL Kokosblütensirup
3-4 EL Mandelmus
1 EL Reisessig (oder mehr nach Belieben)

Für die Quinoa
ca. 250 g Quinoa
2-3 Frühlingszwiebeln
½ Ananas
1 EL Sesamöl
80 g Erbsen (tiefgekühlt oder frisch)
70 g Cashewkerne
2 EL Sesamsaat

SO GEHT'S

Den Ingwer schälen und reiben. Alle Zutaten für das Dressing in einer kleinen Schüssel verquirlen und beiseitestellen.

Die Quinoa waschen und nach Packungsangaben kochen. Eine Frühlingszwiebel in Streifen schneiden und beiseitestellen. Die übrigen beiden Frühlingszwiebeln fein hacken. Die Ananas schälen und das Fruchtfleisch würfeln.

Das Sesamöl in einer großen Pfanne erhitzen. Die Frühlingswiebeln und die Ananas hinzugeben und anschwitzen. Mit 1 TL des Dressings ablöschen. Die Erbsen und die Cashewkerne hinzugeben und etwa 5 Minuten garen.

Schließlich die gekochte Quinoa und das restliche Dressing ebenfalls in die Pfanne geben und 5-10 Minuten weitergaren. Mit Sesam bestreuen und den Frühlingszwiebelstreifen garnieren. Sofort genießen.

MEDITERRANES QUINOA-TABOULÉ

Taboulé ist ein Salat aus dem Nahen Osten, der traditionell aus Bulgurweizen, fein gehackten frischen Kräutern, Gemüse und einem Dressing aus Zitrone und Olivenöl zubereitet wird. Er ist supererfrischend und lecker und wird häufig als Beilage oder Vorspeise serviert. Hier ist ein Grundrezept für glutenfreien Taboulésalat mit Quinoa.

FÜR 2 PORTIONEN
200 g Quinoa
½ Zwiebel
1-2 mittelgroße Tomaten
2 kleine Salatgurken
1 Handvoll Minze
1 Handvoll glatte Petersilie
2 Zitronen
4 EL Olivenöl
Meersalz
frisch gemahlener schwarzer Pfeffer

SO GEHT'S

Die Quinoa waschen und nach Packungsangaben kochen.

In der Zwischenzeit die Zwiebel abziehen und fein würfeln. Die Tomaten und die Salatgurke ebenfalls in feine Würfel schneiden. Die Minze und die Petersilie grob hacken. Die Zitronen auspressen.

Alle Zutaten, inklusive der gekochten Quinoa, in einer großen Schüssel vermischen. Den Zitronensaft und das Olivenöl unterrühren und mit Salz und Pfeffer abschmecken. So simpel und so gut!

ASIATISCHES QUINOA-TABOULÉ

Würzige Fusion: Ich liebe Taboulé - die Mischung aus frischen Kräutern, knackigem Gemüse und exotischen Aromen ist einfach unschlagbar gut! Für die köstliche Variante hier habe ich u. a. Sesamöl und Ingwer verwendet. Taboulé asiatisch inspiriert!

FÜR 2 PORTIONEN

Für den Salat

200 g Quinoa
2 Karotten
½ Rotkohl
1 rote Paprikaschote
1 Handvoll Koriander

Für das Dressing

1 Stück Ingwer (ca. 1 cm)
3 EL Kokos-Aminos
1-2 EL Ahornsirup
3 EL frisch gepresster Limettensaft + etwas mehr zum Servieren
2 EL Olivenöl
1 TL geröstetes Sesamöl
Meersalz

SO GEHT'S

Die Quinoa waschen und nach Packungsangaben kochen.

In der Zwischenzeit den Ingwer schälen, fein hacken und zusammen mit den Kokos-Aminos, dem Ahornsirup, dem Limettensaft, dem Olivenöl, dem Sesamöl und Salz in einer großen Schüssel vermengen. Den Rotkohl in feine Streifen hobeln. Die Karotten, die Paprika und den Koriander fein hacken.

Den Rotkohl, die Karotten, die Paprika und den Koriander zum Dressing geben. Alles gut durchschwenken, um das Dressing gleichmäßig zu verteilen, und dann die gekochte Quinoa hinzufügen.

Nach Belieben abschmecken und vor dem Servieren noch einen Spritzer Limettensaft hinzufügen, um die Aromen zu verstärken.

Dieser Salat ist in einem luftdichten Behälter im Kühlschrank bis zu 5 Tage haltbar.

DETOXAPPROVED

wird der Salat ganz einfach ohne Paprika und wenn statt Ahornsirup Dattelsirup verwendet wird.

QUINOA-BOWL MIT KURKUMA

Bowls sind eine vielseitige und genussvolle Möglichkeit, Reste in gesunde und sättigende Mahlzeiten zu verwandeln. Dank ihrer Einfachheit kannst du verschiedene Zutaten und Geschmacksrichtungen kombinieren und so ein ausgewogenes und nahrhaftes Erlebnis schaffen. Ob Reis, Quinoa, verschiedene Gemüsesorten oder leckeres Dressing - die Möglichkeiten sind endlos. Bowls helfen nicht nur, Lebensmittelabfälle zu vermeiden, sie fördern auch die Kreativität in der Küche. Geht nicht? Gibt's nicht!

FÜR 2 PORTIONEN

Für die Quinoa
200 g Quinoa
¼ TL Meersalz
1 TL Currypulver

Für das Dressing
2 EL Currypulver
3 EL Tahini
2 EL frisch gepresster Zitronensaft
1 EL Ahornsirup
¼ TL Meersalz
frisch gemahlener schwarzer Pfeffer
1-2 EL Olivenöl

Zum Anrichten
1 große Paprikaschote, in feine Streifen geschnitten
3 ganze Radieschen, in dünne Scheiben geschnitten
1 Handvoll Koriander, fein gehackt
2 EL Nüsse oder Samen nach Wahl (z. B. Hanfsamen oder geröstete Cashewkerne; optional)

SO GEHT'S

Die Quinoa waschen und danach in einen kleinen Topf geben und bei mittlerer Hitze 2 Minuten rösten, dabei gelegentlich umrühren und darauf achten, dass sie nicht anbrennt. Dann das Salz, das Currypulver und 400 ml Wasser hinzufügen und zum Kochen bringen. Nach dem Aufkochen die Temperatur reduzieren und die Quinoa zugedeckt 20 Minuten sanft köcheln lassen, bis das Wasser vollständig aufgesogen ist. Vom Herd nehmen und zugedeckt mindestens 15 Minuten abkühlen lassen.

In der Zwischenzeit das Dressing zubereiten: Das Currypulver, das Tahini, den Zitronensaft, den Ahornsirup, das Salz, den Pfeffer und das Öl mit einem Schneebesen verrühren. Dann mit so viel Wasser verdünnen, dass ein cremiges Dressing entsteht. Abschmecken und die Gewürze nach Bedarf anpassen.

Die Quinoa in eine Schüssel geben, mit dem Dressing übergießen und alles gut vermengen.

Die Paprika, die Radieschen, den Koriander und die Nüsse oder Samen nach Belieben auf der Quinoa anrichten und die Bowl sofort genießen.

DETOXAPPROVED
wird die Bowl ganz einfach ohne Paprika und wenn statt Ahornsirup Dattelsirup verwendet wird.

REGENBOGENREIS

Reis mit Curry zu kochen, ist eine fantastische Methode, um den Reis mit köstlichen Aromen zu versehen und eine komplette und schmackhafte Mahlzeit zu kreieren - kurz gesagt: eine kulinarische Leidenschaft mehr! Noch etwas gebratenes Gemüse dazu und du hast innerhalb von kürzester Zeit ein kreatives und köstliches Essen.

FÜR 2 PORTIONEN
150 g Vollkornreis
2 TL Currypulver
1 Lorbeerblatt
Meersalz
frisch gemahlener schwarzer Pfeffer
2 Karotten
1 Brokkoli
3 EL Olivenöl
1 Knoblauchzehe
1 Stück Ingwer (1-2 cm)
1 EL Kokos-Aminos
2 EL Granatapfelkerne (optional)
etwas Koriander oder glatte Petersilie (optional)
1 TL Limetten- oder Zitronensaft (optional)

SO GEHT'S

Den Vollkornreis waschen und mit der doppelten Menge Wasser zum Kochen bringen. Das Curry, das Lorbeerblatt sowie Salz und Pfeffer zum Reis in den Topf geben und mitkochen.

Die Karotten fein würfeln. Den Brokkoli in kleine Röschen zerteilen.

Das Olivenöl in einer Pfanne erhitzen und die Karotten und den Brokkoli hinzugeben. 5 Minuten köcheln lassen, bis das Gemüse weich ist.

Inzwischen den Knoblauch abziehen und würfeln. Den Ingwer ebenfalls schälen und fein reiben. Den Knoblauch und den Ingwer zum Pfannengemüse geben, dann den gekochten Reis mit einrühren. Kochen und rühren, bis der Reis anfängt, braun zu werden. Das dauert etwa 5 Minuten. Die Kokos-Aminos hinzufügen und weiter umrühren. Mit Salz und Pfeffer abschmecken.

Nach Belieben mit Granatapfelkernen und frischen Kräutern wie Koriander oder Petersilie garnieren und etwas frischen Limetten- oder Zitronensaft über den gekochten Reis träufeln. Fertig!

SPARGEL-ERBSEN-RISOTTO

Gekochten Vollkornreis im Kühlschrank zu haben, war mein absoluter Gamechanger in der gesunden Küche. Denn genau damit kann man dieses köstliche Risotto in kürzester Zeit zubereiten! Die Kombination aus Minze, Spargel und Erbsen ist eine absolute Herzensempfehlung.

FÜR 2 PORTIONEN
½ Zwiebel
2 EL Kokosöl
1 Bund grüner Spargel
100 g tiefgekühlte Erbsen
ca. 400 g gekochter Vollkornreis
240 ml Mandeldrink
Meersalz
2 großzügige Handvoll frische Minze

SO GEHT'S

Die Zwiebel abziehen und fein würfeln. Das Kokosöl in einem Topf erhitzen und die Zwiebel darin anschwitzen.

Den Spargel von den holzigen Enden befreien, in Stücke von etwa 2 cm Länge schneiden und zusammen mit den Erbsen zu der Zwiebel in den Topf geben.

Das Gemüse 3–5 Minuten anbraten und dann den vorgekochten Vollkornreis hinzufügen. Mit dem Gemüse vermengen und ebenfalls ein paar Minuten braten.

Den Mandeldrink einrühren und alles zusammen ein paar Minuten köcheln lassen.

Mit Salz abschmecken.
Die Minze fein hacken, vorsichtig unter den Gemüsereis rühren und das Risotto sofort servieren.

PILZRISOTTO

Pilze haben in den letzten Jahren wegen ihrer potenziellen gesundheitsfördernden Eigenschaften, einschließlich ihres möglichen Anti-Aging-Potenzials, an Aufmerksamkeit gewonnen und landen nun häufiger auf meinem Teller! Pilze sind reich an Antioxidantien. Diese können dabei helfen, oxidativen Stress zu bekämpfen, der ein Schlüsselfaktor bei der Alterung und verschiedenen altersbedingten Krankheiten ist.

FÜR 2 PORTIONEN
180 g Vollkornreis
½ Zwiebel
150 g Champignons oder Pilze nach Wahl
1 EL Olivenöl
Meersalz
frisch gemahlener schwarzer Pfeffer
240 ml Mandeldrink
1 EL Hefeflocken (optional)
1-2 Handvoll Spinat (frisch oder tiefgekühlt)
Dill zum Servieren

SO GEHT'S

Den Vollkornreis waschen und mit der doppelten Menge Wasser kochen.

Die Zwiebel abziehen und fein würfeln. Die Champignons mit einer Bürste oder etwas Küchenkrepp von Schmutz befreien und zwei bis drei davon beiseitelegen. Die übrigen Pilze ebenfalls würfeln.

Die Zwiebel mit dem Olivenöl in einer Pfanne anbraten und die gewürfelten Pilze hinzufügen.

Den gekochten Reis, Salz und Pfeffer sowie den Mandeldrink und optional die Hefeflocken hinzugeben. 5 Minuten köcheln lassen und den Spinat hinzufügen.

Nochmals abschmecken und weitere 5 Minuten köcheln lassen. Mit Dill garnieren und schon ist das Risotto fertig!

TIPP

Reis koche ich immer im Verhältnis 1:2, also 1 Tasse Reis auf 2 Tassen Wasser.

MEDITERRANER REISSALAT

Reis mal anders! Der perfekte Salat zum Vorbereiten am Sonntag für das Mittagessen im Büro. Schnell zubereitet und richtig lecker - lässt man ihn einen Tag durchziehen, wird er sogar noch schmackhafter!

FÜR 4 PORTIONEN

½ rote Zwiebel
1 rote Paprikaschote
1 Salatgurke
1 Handvoll Kirschtomaten
1 Handvoll frischer Dill
1 Handvoll glatte Petersilie
3 EL gepresster Zitronensaft
2 EL Olivenöl
400 g gekochter Vollkornreis
½ TL Meersalz
frisch gemahlener schwarzer Pfeffer

Für das Topping

marinierte Bohnen
(siehe Rezept auf Seite 163)
Mandel- oder Walnusskerne für den extra Crunch

SO GEHT'S

Die Zwiebel abziehen und klein hacken. Die Paprika, die Salatgurke und die Kirschtomaten klein würfeln. Den Dill und die Petersilie fein hacken.

In einer großen Schüssel den Zitronensaft und das Olivenöl verrühren. Den gekochten Reis, die Paprika, die rote Zwiebel, die Kirschtomaten, die Gurke, den Dill, die Petersilie und ein wenig Salz und Pfeffer hinzugeben. Gut durchmischen.

Den Salat in einen verschließbaren Behälter füllen und vor dem Servieren für mindestens 1 Stunde in den Kühlschrank stellen.

Gekühlt servieren und mit marinierten Bohnen, Mandeln oder Walnüssen garnieren.

Dieser Salat ist, im Kühlschrank aufbewahrt, bis zu 5 Tage haltbar.

DETOXAPPROVED

wird der Reissalat ohne Tomaten und Paprika. Diese können z. B. durch Oliven oder Karotten ersetzt werden.

MASON
MASON

STICKY RICE BOWL MIT MANGO

Mein Lieblingsdessert im vietnamesischen Restaurant ist ganz klar STICKY RICE. Er ähnelt Milchreis, wird aber in Kokosmilch gekocht - dieser Reis ist auch eine köstliche Beilage zu Currys, Suppen, Bowls und vielem mehr! Und als Dessert ist er ein wunderbarer Snack. Hier ist meine schnelle Version für zu Hause.

FÜR 4 PORTIONEN

Für den Reis
250 g Jasmin-, Basmati- oder weißer Langkornreis
240 ml Kokosmilch
¼ TL Meersalz
2 EL Kokosraspel (optional)

Für die Fruchtsauce
½ Mango
Saft von 1 Limette
1 Handvoll Minze

SO GEHT'S

Den Reis waschen und zusammen mit der Kokosmilch und 240 ml Wasser (oder Kokoswasser für einen intensiveren Kokosgeschmack) in einen Topf geben. Das Salz und optional die Kokosraspel hinzugeben und auf höchster Stufe zum Kochen bringen. Sobald es kocht, die Temperatur reduzieren, sodass der Reis nur noch sanft köchelt, und den Topf abdecken.

Köcheln lassen, bis das Wasser vollständig aufgesaugt und der Reis weich ist - das dauert etwa 20-25 Minuten.

Überschüssiges Wasser abgießen, falls der Reis schon weich, aber noch Wasser übrig ist. Den Herd ausschalten, den Deckel vom Topf nehmen und den Reis mit einer Gabel auflockern. Nun den Deckel wieder auf den Topf setzen und den Reis 10 Minuten ruhen lassen, damit sich die Feuchtigkeit wieder verteilt und der Reis nicht seine Textur verliert und matschig wird. Abschmecken und bei Bedarf zusätzliches Salz hinzufügen.

Die Mangohälfte schälen.
Das Fruchtfleisch zusammen mit dem Limettensaft und der Minze in einem Mixer fein pürieren.

Den Sticky Rice auf der Fruchtsauce anrichten und nach Belieben mit leicht gerösteten Kokosraspeln garnieren.

EAT *MORE* VEGGIES

SPINAT-WRAPS

Wer hätte gedacht, dass selbst gemachte Wraps so leicht zuzubereiten sind? Mit nur drei Zutaten! Diese Wraps aus Hafermehl sind eine gesündere Alternative zu herkömmlichen Weizentortillas und haben eine nussige und leicht zähe Konsistenz. Sie eignen sich hervorragend, um verschiedene Kombinationen von Zutaten zu verpacken, was sie zu einer vielseitigen Option für Frühstück, Mittag- oder Abendessen macht.

FÜR 2 PORTIONEN

Für die Wraps
220 g Haferflocken
1 Handvoll Spinat (optional)
Meersalz

Für die Füllung (nach Belieben, wähle deine Lieblingszutaten, ich verwende diese hier)
in Scheiben geschnittenes Gemüse wie Paprika, Gurken, Karotten, Salat etc.
Hummus
Avocado-Scheiben
frische Kräuter wie Koriander oder glatte Petersilie

SO GEHT'S

Die Haferflocken mit 240 ml Wasser, dem Spinat und etwas Salz in einem Mixer zerkleinern.

Den Teig etwa 15 Minuten quellen lassen und im Anschluss zu kleinen Bällchen rollen.

Eine saubere Oberfläche und ein Nudelholz mit etwas Hafermehl bestäuben.

Jede Teigkugel zu einem dünnen Kreis ausrollen, etwa so groß wie eine Tortilla. Eventuell musst du mehr Hafermehl darüberstreuen, damit der Teig nicht klebt.

Eine Pfanne auf mittlerer Stufe erhitzen. Einen ausgerollten Wrap in der Pfanne etwa 1–2 Minuten auf jeder Seite ausbacken, bis er leicht gebräunt und durchgebraten ist. Es kann sein, dass sich beim Braten Blasen bilden, aber das ist normal. Wiederhole den Vorgang mit den restlichen Wraps.

Sobald die Wraps gar sind, befüllen und genießen.

DETOXAPPROVED

Die Wraps klappen anstelle der Haferflocken auch mit 200 g roten Linsen.

SALAT-WRAPS

Diese Salat-Wraps mache ich super gerne, wenn ich meine Freundinnen einlade. Es macht so viel Spaß, gemeinsam am Tisch zu sitzen und sie zu belegen.
Und das Beste: Die Reste schmecken am nächsten Tag super mit Reis - kalt oder warm!

FÜR 2 PORTIONEN

1 Römersalat

Für die Füllung
1 Stück Ingwer (ca. 2 cm)
1 Knoblauchzehe
60 ml Kokos-Aminos
40 g Kokosblütenzucker
1 EL Sesamöl
½ TL Chiliflocken (optional)
½ kleine Zwiebel
1 EL Olivenöl
200 g rote Linsen
1 kleine Salatgurke
1 kleine Karotte
½ Rotkohl
200 g gekochter Vollkornreis

Zum Servieren
1 Limette
1 Handvoll Koriander
Sesamsaat

SO GEHT'S

Einzelne, große Blätter des Römersalats abbrechen und beiseitelegen. Sie werden als Basis für den Wrap verwendet.

Für die Füllung den Ingwer und den Knoblauch abziehen. Die Kokos-Aminos, den Kokosblütenzucker, das Sesamöl und optional die Chiliflocken zusammen mit 480 ml Wasser glatt pürieren.

Die Zwiebel abziehen und fein würfeln. Das Öl erhitzen und die Zwiebeln darin anschwitzen. Die roten Linsen und die vorbereitete Sauce hinzufügen und 8-10 Minuten köcheln lassen, bis die Linsen weich sind.

Die Salatgurke und die Karotte in feine Streifen schneiden. Den Rotkohl fein hobeln. Die Limette auspressen.

Zum Servieren den Vollkornreis auf einem Salatblatt mit Füllung deiner Wahl anrichten. Mit dem Limettensaft, dem Koriander und der Sesamsaat servieren.

FALAFEL MIT MANGO-SALSA

Ich liiieeeebe Falafel. Die Kombination von Zutaten wie Kichererbsen, Kräutern, Gewürzen und Knoblauch ergibt eine proteinreiche Alternative zu Fleischgerichten. Falafel sind außen knusprig und goldbraun, reich an Ballaststoffen und Proteinen aus den Hülsenfrüchten und so vielseitig. Sie erlauben es dir außerdem, Variationen zu kreieren, die deinen Vorlieben entsprechen.

FÜR 2 PORTIONEN

Für die Falafel
220 g gekochte Kichererbsen
½ Zwiebel
1 Handvoll Koriander oder glatte Petersilie
3 EL Vollkornreismehl
1 TL Kreuzkümmel
Meersalz
frisch gemahlener schwarzer Pfeffer
1-2 EL Olivenöl + etwas mehr zum Anbraten

Für die Mango-Salsa
1 Mango
1 Handvoll frischer Koriander
Meersalz
Saft von 1 Limette
1 EL Kokosblütensirup (optional)
Granatapfelkerne zum Servieren (optional)

SO GEHT'S

Die Kichererbsen abbrausen und abtropfen lassen. Die Zwiebel abziehen und in grobe Würfel schneiden. Den Koriander oder die Petersilie fein hacken.

Alle Zutaten in der Küchenmaschine vermengen und unter Zugabe von 1–2 EL Olivenöl zu einem festen Teig verarbeiten.

Mit einem Löffel Nocken aus der Masse abstechen, zu Kugeln rollen und entweder in etwas Olivenöl in der Pfanne anbraten oder (wie ich aus Faulheit) für 20–25 Minuten bei 180 °C Ober-/Unterhitze in den Ofen oder die Heißluftfritteuse geben. Für die letzten beiden Minuten der Backzeit die Grillfunktion anschalten.

Die fertigen Falafelbällchen warm mit Mango-Salsa (siehe unten) genießen.

Für die Salsa die Mango schälen, von ihrem Kern befreien und das Fruchtfleisch fein würfeln. Den Koriander fein hacken. Alle Zutaten miteinander vermengen. Abhängig von der Süße der Mango nach Belieben noch etwas Kokosblütensirup hinzufügen. Gerne mit Granatapfelkernen garnieren.

TIPP

Unbedingt auch mal im Waffeleisen probieren: FAWAFFEL!

NO MEATBALLS

Keine Lust auf Falafel? Dann sind diese No Meatballs genau richtig! Die Kombination aus Erdnussbutter und Koriander ist einfach himmlisch!

FÜR 2-4 PORTIONEN
120 g Quinoa
240 g gekochte Kichererbsen
1 Handvoll Koriander
2-3 Frühlingszwiebeln
1 Handvoll Erdnüsse
3 EL Kokosblütenzucker
2 EL crunchy Erdnussbutter
3 EL Kokos-Aminos
Meersalz
frisch gemahlener schwarzer Pfeffer
1 EL Olivenöl
1 TL Sambal Oelek (optional)

SO GEHT'S

Die Quinoa waschen und nach Packungsangaben kochen (für dieses Rezept bevorzuge ich weiße Quinoa).

Den Backofen auf 180 °C Ober-/Unterhitze vorheizen.

Die Kichererbsen abbrausen und abtropfen lassen. In die Küchenmaschine geben und grob zerkleinern.
Den Koriander fein hacken. Die Frühlingszwiebeln in feine Ringe schneiden. Die Erdnüsse zerkleinern.

Anschließend alles zusammen mit dem Kokosblütenzucker, der Erdnussbutter und der Kokos-Aminos in eine Schüssel geben, gut vermengen und mit Salz, Pfeffer und optional Sambal Oelek abschmecken.

Von der Masse Nocken mit einem Löffel abstechen, mit feuchten Händen zu Kugeln rollen und auf ein mit Backpapier ausgelegtes Backblech legen. Mit etwas Olivenöl beträufeln. Auf der mittleren Schiene im Backofen etwa 10 Minuten rösten und währenddessen regelmäßig wenden. Weitere 5-10 Minuten backen, aber immer wieder kontrollieren, dass sie nicht zu dunkel werden.

Mit einem Salat (z. B. einem Regenbogensalat, siehe Rezept auf Seite 171), einer Bowl oder einfach Mango-Salsa (siehe Rezept auf Seite 139) genießen.

DETOXAPPROVED
werden die Meatballs, wenn statt Erdnussbutter Cashew- oder Mandelmus und statt ganzer Erdnüsse Cashewkerne verwendet werden.

BLUMENKOHL-POPCORN

Blumenkohl lag bei mir häufig mal einige Tage im Kühlschrank, weil ich nicht so richtig wusste, was ich damit machen sollte ... Hier kommt ein schnelles und unkompliziertes Lieblingsblumenkohlrezept: einzigartig knusprig und lecker!

FÜR 2 PORTIONEN
1 Blumenkohl
2 EL Olivenöl
80 g Hefeflocken
¾ TL Meersalz

<u>BANG-BANG-SAUCE (optional)</u>
1 EL Sambal Oelek
2 EL Kokos-Aminos
1 EL Ahornsirup

SO GEHT'S
Den Backofen auf 200 °C Umluft vorheizen. Den Blumenkohl in Röschen zerteilen und in mundgerechte Stücke schneiden.

Das Olivenöl, die Hefeflocken und das Salz vermischen. Die Blumenkohlstücke dazugeben und sorgfältig in der Marinade wenden. Das Blumenkohl-Popcorn auf einem mit Backpapier ausgelegten Backblech verteilen und auf der mittleren Schiene im Backofen 20 Minuten backen. Entweder pur oder mit Bang-Bang-Sauce sofort genießen. Für die Sauce alle Zutaten in einer Schüssel verrühren und über den noch heißen gebackenen Blumenkohl träufeln.

TIPP
Achte unbedingt darauf, dass das Sambal Oelek keinen Zucker enthält!

ROSENKOHL SÜSSSAUER

Achtung, scharf!

FÜR 2 PORTIONEN
ca. 200 g Rosenkohl
1 EL Olivenöl
3 EL Kokosnektar oder Ahornsirup
3 EL Balsamico-Essig
1 EL Sambal Oelek (optional)
Meersalz
frisch gemahlener schwarzer Pfeffer

SO GEHT'S
Den Backofen auf 200 °C Umluft vorheizen.

Den Rosenkohl putzen und die äußeren Blätter, falls nötig, entfernen.

In einer großen Schüssel alle Zutaten vermischen und den Rosenkohl darin schwenken. Den Rosenkohl gleichmäßig auf einem mit Backpapier ausgelegten Backblech verteilen. Auf der mittleren Schiene im Backofen etwa 20–30 Minuten backen und nach Belieben als Beilage, auf einem Salat oder auch pur genießen.

DETOXAPPROVED
werden der Blumen- und der Rosenkohl ohne Ahornsirup oder wenn statt Ahornsirup Dattelsirup verwendet wird.

TIPP
Achte unbedingt darauf, dass der Balsamico-Essig keinen Zucker und keine künstlichen Aromen enthält.

GRÜNKOHLCHIPS

Hast du schon mal Grünkohlchips gemacht? So lecker! Ich mag sie am liebsten einfach nur mit Meersalz oder auch etwas scharf. Je nach Lust und Laune kannst du auch geräuchertes Paprikapulver, Knoblauch, Oregano oder andere Gewürze hinzugeben.

FÜR 1 BLECH
ca. 600 g Grünkohl
Olivenöl
Meersalz
frisch gemahlener schwarzer Pfeffer
Gewürze nach Wahl

SO GEHT'S
Den Backofen auf 200 °C Umluft vorheizen. Ein Backblech mit Backpapier auslegen.
Den Grünkohl vom Mittelstrunk und den harten Stielen befreien und in mundgerechte Stücke zupfen. Mit etwas Olivenöl beträufeln, salzen, pfeffern und mit Gewürzen deiner Wahl abschmecken. Im vorgeheizten Ofen 10–15 Minuten backen (nach 10 Minuten kontrollieren) und den Crrrrrrunch genießen!

BLUMENKOHL-POPCORN
GRÜNKOHLCHIPS
ROSENKOHL SÜSSSAUER

KOKOS-CURRY-BLUMENKOHL MIT MANGO-GURKEN-SALAT

Die Kombination aus Kokos, Curry und Blumenkohl ist einfach himmlisch!

FÜR 2 PORTIONEN

Für den Blumenkohl
1 Blumenkohl
140 g Vollkornreismehl
240 ml Kokosmilch
2 TL Meersalz
180 g Kokosraspel
2 EL Currypulver
1 EL Olivenöl

Für den Salat
1 reife Mango
1 Salatgurke
½ rote Zwiebel
1 Handvoll frische Minze
1 Limette
Meersalz

SO GEHT'S

Den Ofen auf 200 °C vorheizen.

Den Blumenkohl in Röschen zerteilen und in mundgerechte Stücke schneiden.

Das Mehl, die Kokosmilch und 1 TL Salz zu einem glatten Teig verarbeiten und beiseitestellen.

In einer zweiten Schüssel die Kokosraspel, das Currypulver und die andere Hälfte des Salzes verrühren. Den Blumenkohl nacheinander erst in die Mehlmischung und dann in die Kokosraspel tauchen. Darauf achten, dass jedes Stück gleichmäßig bedeckt ist. Mit etwas Olivenöl beträufeln.

Die Blumenkohlstücke auf einem mit Backpapier ausgelegten Backblech verteilen und 22-25 Minuten backen, dabei die Röschen nach der Hälfte der Zeit wenden.

Für den Salat die Mango von Schale und Kern befreien und in Würfel schneiden. Die Salatgurke ebenfalls in Würfel schneiden. Die Zwiebel abziehen und fein würfeln. Die Minze grob hacken und die Limette auspressen.

Alle Salatzutaten vermengen und den Mango-Gurken-Salat mit Salz abschmecken. Zusammen mit dem Kokos-Curry-Blumenkohl anrichten.

SUMMER ROLLS

Sommerrollen, auch bekannt als frische Frühlingsrollen oder Reispapierrollen, sind ein erfrischendes und vielseitiges vietnamesisches Gericht. Sie bestehen in der Regel aus Reispapierbögen, die mit verschiedenen frischen Zutaten gefüllt sind. Summer Rolls gibt es bei uns das ganze Jahr! Wir lieben sie auch als Familienessen - alle zusammen am Tisch, und jeder rollt nach Lust und Laune.

FÜR 2 PORTIONEN

4-6 Bögen Reispapier

Für die Füllung
200 g gekochte dünne Reisnudeln
verschiedenes frisches Gemüse (Salat, Gurken, Karotten usw.)
frische Kräuter (Minze, Koriander, Thai-Basilikum)
Ganz nach Lust und Laune - die Möglichkeiten sind endlos!

Für meinen Lieblingsdip
2 EL Erdnuss- oder Mandelmus
2 EL Kokos-Aminos
1 EL frisch gepresster Limettensaft
1 TL frischer Ingwer
2 EL Reisessig
1 TL Kokosnektar
1 TL Sambal Oelek (optional)
1 Knoblauchzehe (optional)
1 Chili (optional)

DETOXAPPROVED
wird das Rezept, wenn du anstelle von Erdnussbutter Mandelmus verwendest.

SO GEHT'S
Für die Füllung die Reisnudeln nach der Packungsanleitung kochen. Unter kaltem Wasser abbrausen und abkühlen lassen. Das Gemüse in Juliennestreifen schneiden. Die Blätter der Kräuter abzupfen. Alles in separaten Schüsseln beiseitestellen, um die Zubereitung zu erleichtern.

Für den Dip alle Zutaten in einer Schüssel verquirlen. Nach und nach Wasser hinzufügen, bis die gewünschte Konsistenz zum Dippen erreicht ist. Den Geschmack nach Belieben anpassen, indem mehr Limettensaft, Kokos-Aminos oder Wasser hinzugefügt wird. Nach Belieben Sambal Oelek, gehackten Knoblauch und gehackte Chili für zusätzlichen Geschmack und Schärfe hinzufügen.

Eine große Schüssel mit warmem Wasser füllen. Ein Reispapier für etwa 10-15 Sekunden in das Wasser halten, bis es weich, aber noch leicht fest ist. Das Reispapier auf eine saubere, feuchte Oberfläche (z. B. ein Schneidebrett) legen, eine Lage Salatblätter mittig auf dem Reispapier ausbreiten.

Auf den Salat eine kleine Handvoll Reisfadennudeln legen, außerdem geschnittenes Gemüse und Kräuter ganz nach Belieben. Die kurzen Seiten des Reispapiers über die Füllung falten. Zum Rollen mit der langen Seite beginnen, die dir am nächsten ist, und das Reispapier fest aufrollen, sodass die Füllung gut eingepackt ist.
Den Vorgang mit den restlichen Zutaten wiederholen.

Die Sommerrollen sofort mit dem Dip servieren oder mit einem feuchten Tuch abdecken, um sie vor dem Austrocknen zu schützen.

TIPP
Sei vorsichtig bei der Verarbeitung von Reispapier, da es leicht reißen kann. Du kannst die Füllung nach deinen Vorlieben anpassen. Sommerrollen können als Vorspeise, Snack oder sogar als leichte Mahlzeit serviert werden.
Genieße deine selbst gemachten Sommerrollen mit dem köstlichen Dip für einen erfrischenden und schmackhaften Genuss!

4 x DIP

GRÜNES CHUTNEY

Dieses grüne Chutney ist perfekt für Süßkartoffeln, rohes Gemüse oder grundsätzlich auf allem. Es kann für mich nie zu viele Dips geben.

FÜR 1 GLAS
1 reife Avocado
1 Knoblauchzehe
2 EL frisch gepresster Limettensaft
1 Handvoll frische Minze
1 großzügige Handvoll frischer Koriander
Meersalz
frische Chiliflocken (optional)

SO GEHT'S
Die Avocado halbieren, vom Kern befreien und das Fruchtfleisch herauslösen. Die Knoblauchzehe abziehen. Alle Zutaten in einem Mixer glatt pürieren und nach Bedarf mit etwas Wasser verdünnen, sollte der Dip zu dickflüssig sein.

KOKOS-CASHEW-DIP

Dieser Dip kann als Aufstrich für Sandwiches, Wraps oder als würziger Belag für gegrilltes oder gebratenes Gemüse verwendet werden. Genieße deinen selbst gemachten Kokos-Cashew-Dip auch gerne als leckere und nahrhafte Vorspeise oder als Snack!

FÜR 1 GLAS
125 g Cashewkerne
1 Knoblauchzehe
120 g Kokosjoghurt
2 EL Kokosöl
2 EL Kokosraspel
1 EL frisch gepresster Zitronensaft
Meersalz
frisch gemahlener schwarzer Pfeffer
Koriander oder glatte Petersilie (optional)

SO GEHT'S
Die Cashewkerne einige Stunden oder über Nacht in Wasser einweichen. Danach abtropfen lassen und pürieren. Den Knoblauch abziehen und fein hacken.

Die Cashewcreme, den Knoblauch, das Kokosjoghurt, das Kokosöl, die Kokosraspel, den Zitronensaft, das Salz, den Pfeffer und optional die Kräuter vermischen. Die Zutaten in einem Mixer auf höchster Stufe pürieren, bis die Mischung glatt und cremig ist. Falls nötig, den Mixer ein paar Mal anhalten und die Masse von den Seiten abkratzen, damit alles gleichmäßig vermengt wird.

Den Dip abschmecken und die Gewürze anpassen, indem nach Belieben mehr Zitronensaft, Salz oder Pfeffer hinzugefügt wird. Danach für mindestens 1 Stunde in den Kühlschrank stellen, damit sich die Aromen verbinden und der Dip etwas fester wird.

TIPP
Wenn du eine dünnere Konsistenz für deinen Dip möchtest, kannst du beim Pürieren etwas Wasser oder Kokosmilch hinzufügen.

Hier noch zwei weitere asiatisch-fruchtige Dips, die ich wirklich fantastisch finde und die einfach nur im Mixer bis zur gewünschten Konsistenz püriert werden müssen und bis zu 7 Tage im Kühlschrank haltbar sind. Beide sind DETOXAPPROVED, wenn statt des im Rezept angegebenen Ahornsirups Dattelsirup verwendet wird.

CURRY-TAHINI-DIP

FÜR 1 GLAS
4 EL Tahini Meersalz
frisch gemahlener schwarzer Pfeffer
1 TL geriebener Ingwer
1-2 TL Currypulver
2 EL Ahornsirup
Saft von 2 Zitronen

CURRY-KOKOS-DIP

FÜR 1 GLAS
½ TL geriebener Ingwer
1 TL Currypulver
1 TL Limettensaft
120 g Kokosjoghurt
½ frische oder tiefgekühlte Mango
1 TL Ahornsirup (optional)
Meersalz (optional)
Chilipulver (optional)

CURRY-KOKOS-DIP
KOKOS-CASHEW-DIP
GRÜNES CHUTNEY
CURRY-TAHINI-DIP

4 x HUMMUS

Gekaufter Hummus enthält sehr häufig Zucker, Konservierungsmittel oder sonstige Inhaltsstoffe, die eigentlich nicht reingehören - und genau genommen ist Hummus wirklich in Nullkommanichts selbst gemacht.

BASIC HUMMUS

FÜR 1 GLAS
220 g gekochte Kichererbsen
2 Zitronen
1 kleine Knoblauchzehe
60 g Tahini
2 EL Olivenöl
½ TL Kreuzkümmel
Meersalz
frisch gemahlener schwarzer Pfeffer

SO GEHT'S
Die Kichererbsen abbrausen und abtropfen lassen. Die Zitronen auspressen. Den Knoblauch abziehen.

Das Tahini und den Zitronensaft 1–2 Minuten in einem Mixer sorgfältig vermengen.

Das Olivenöl, den Knoblauch, den Kreuzkümmel, das Salz und den Pfeffer hinzugeben und alles zu einer homogenen Mischung verarbeiten.

Nun zunächst die erste Hälfte der abgetropften Kichererbsen hinzufügen und etwa 1 Minute verrühren, bis sie cremig sind.

Dann die restlichen Kichererbsen hinzufügen und 1 weitere Minute verarbeiten, bis die Mischung glatt und einheitlich ist.

Falls der Hummus zu dick erscheint, nach Bedarf 2–3 EL Wasser hinzufügen, um die gewünschte Konsistenz zu erreichen.

ROTE-BETE-HUMMUS

FÜR 1 GLAS
1 x Basic-Hummus-Rezept
1 gekochte Rote Bete

SO GEHT'S
Das Rezept für den Basic Hummus befolgen. Zuletzt die Rote Bete hinzufügen und alles glatt pürieren.

ERBSEN-MINZ-HUMMUS

FÜR 1 GLAS
1 x Basic-Hummus-Rezept
50 g tiefgekühlte Erbsen
1 Handvoll frische Minze oder Koriander

SO GEHT'S
Das Rezept für den Basic Hummus befolgen. Die tiefgekühlten Erbsen 4–5 Minuten blanchieren. Zusammen mit der Minze oder dem Koriander hinzufügen und alles glatt pürieren.

CURRY-MANGO-HUMMUS

FÜR 1 GLAS
1 x Basic-Hummus-Rezept
1 reife Mango
2 TL Currypulver

SO GEHT'S
Das Rezept für den Basic Hummus befolgen. Die Mango von Schale und Kern befreien und das Fruchtfleisch in grobe Würfel schneiden. Zusammen mit dem Currypulver hinzufügen und alles glatt pürieren.

ROTE BETE
ERBSE-MINZ
CURRY-MANGO
BASIC HUMMUS

2 x DILL-DIP

TAHINI-DILL-DIP

Keine Lust auf Hummus? Dieser Dill-Dip ist eine köstliche Abwechslung! Ich liebe Dill - besonders mit Gurken! Ein Klassiker!

FÜR 1 GLAS
1 großzügige Handvoll Dill
2 Zitronen
120 ml Tahini
1 TL Apfelessig
½ TL Ahornsirup
½ TL Meersalz
frisch gemahlener schwarzer Pfeffer

SO GEHT'S
Den Dill grob hacken und die Zitronen auspressen. Alle Zutaten mit 8 EL Wasser pürieren, bis sie glatt sind.

Den Dill entweder direkt untermischen oder anschließend hinzufügen. Die Würze durch Salz und Pfeffer anpassen.

Der Dip kann sofort serviert werden, schmeckt aber besser, wenn er mindestens 1 Stunde im Kühlschrank gekühlt wird. In einem luftdichten Behälter im Kühlschrank bis zu 1 Woche aufbewahren.

DETOXAPPROVED
wird der Dip ohne Ahornsirup oder wenn anstelle von Ahornsirup Dattelsirup verwendet wird.

DILL-JOGHURT

Hier ist noch eine Version, falls du Tahini nicht so gerne magst - ein einfaches und schmackhaftes Rezept für einen Dill-Kokos-Joghurt-Dip.

FÜR 1 GLAS
3 kleine Knoblauchzehen
2 EL frischer Dill
1 kleines Stück Salatgurke (optional)
140 g Kokosjoghurt
1-2 EL frisch gepresster Zitronensaft
½ TL Meersalz
1 Msp. Cayennepfeffer

SO GEHT'S
Den Knoblauch abziehen und fein hacken oder reiben. Den Dill ebenfalls fein hacken. Für zusätzliche Frische optional die Gurke klein würfeln oder grob reiben.

Den Kokosjoghurt, den Dill, den Zitronensaft, den Knoblauch und wahlweise die gehackte oder geriebene Gurke vermengen. Die Mischung mit dem Salz und dem Cayennepfeffer würzen. Alles gut vermengen.

Den Dip abschmecken und die Aromen nach Belieben mit mehr Dill, Zitronensaft, Knoblauch oder Salz anpassen.

Anschließend den Dip abdecken und für mindestens 30 Minuten in den Kühlschrank stellen, damit sich die Aromen vermischen und der Dip noch schmackhafter wird.

TIPP
Du kannst auch andere Kräuter wie Schnittlauch oder glatte Petersilie hinzufügen, um den Dip zu verfeinern. Passe die Konsistenz an, indem du ein wenig Wasser hinzufügst, wenn du einen dünneren Dip bevorzugst.

CRACKER MIT GÖTTLICHEM DIP

Wusstest du, wie einfach es ist, glutenfreie Cracker zu Hause selbst zu machen? Ich zeige es dir!

FÜR 1 BLECH
150 g Kürbiskerne
75 g Sonnenblumenkerne
150 g ganze Leinsamen
50 g Sesamsaat
2 EL Flohsamenschalen
1 TL Meersalz
Bagelgewürz
(siehe Rezept auf Seite 80)

GÖTTLICH GRÜNER DIP

Für 1 Glas
220 g gekochte weiße Bohnen
1 Knoblauchzehe
2 EL frisch gepresster Zitronensaft
1 EL Olivenöl
1 Handvoll glatte Petersilie oder Koriander
1 Handvoll Basilikum
1 TL rote Paprikaflocken (oder weniger, wenn der Dip milder sein soll)
½ TL Meersalz

SO GEHT'S

Den Backofen auf 180 °C Umluft vorheizen.

Alle Zutaten außer dem Bagelgewürz in einer Schüssel vermengen, mit 360 ml kochendem Wasser begießen und sorgfältig vermengen.

Den Teig gleichmäßig und so dünn wie möglich auf einem mit Backpapier ausgelegten Backblech verstreichen und nach Belieben mit Gewürzen bzw. der Bagel-Gewürzmischung bestreuen.

Auf der mittleren Schiene im Backofen 40–60 Minuten backen, bis der Teig knusprig ist, dabei zwischendurch kontrollieren, dass er nicht zu dunkel wird. 1 Stunde abkühlen lassen und erst dann auseinanderbrechen.

Die Cracker in einem luftdichten Behälter aufbewahren.

So lecker mit Hummus, Guacamole oder diesem fantastischen grünen Dip:

Die weißen Bohnen abbrausen und abtropfen lassen. Zusammen mit dem Knoblauch, dem Zitronensaft, dem Olivenöl, den frischen Kräutern, den Paprikaflocken, dem Salz und 2–4 EL Wasser pürieren. Noch mal abschmecken und fertig!

Luftdicht verschlossen ist der Dip im Kühlschrank 3–4 Tage haltbar.

SALATE, BOWLS *UND* DRESSINGS

MEINE LIEBLINGSSALATSAUCEN

Ich teile sehr sehr gerne all meine Lieblingsdressings mit euch, denn ich habe es nicht gern, wenn meine Salate geschmacklich immer in dieselbe Richtung gehen. Es ist doch viel schöner, sich jede Woche neu entscheiden zu können. Jede Woche? Ja, tatsächlich bereite ich Salatsauce meist für eine ganze Woche vor, damit ich nicht jeden Tag bei Null starten muss. Ist doch superpraktisch, oder? Alle Dressings müssen einfach nur im Mixer bis zur gewünschten Konsistenz püriert werden und sind im Kühlschrank, na klar, etwa 7 Tage haltbar. Und sie alle sind DETOXAPPROVED, wenn statt des in einigen Rezepten angegebenen Ahornsirups Dattelsirup verwendet oder auf die Süße verzichtet wird.

MANDEL-DRESSING

FÜR 1 GLAS
65 g Mandelmus
oder Erdnussbutter
2 EL frisch gepresster
Limettensaft
1 EL Ahornsirup
2 EL Kokos-Aminos

GRÜNES POWER-DRESSING

FÜR 1 GLAS
1 Handvoll Minze
1 Handvoll Basilikum
1 Handvoll Koriander
1 reife Avocado
2-3 EL frisch gepresster
Zitronensaft
2 EL Olivenöl
1 TL Ahornsirup (optional)
Meersalz

LIMETTEN-DRESSING

FÜR 1 GLAS
2 EL Reisessig
1 EL Kokos-Aminos
Saft und Abrieb von
1 unbehandelten Limette
1 EL Kokosblütensirup
1 EL Sesamöl
1 EL Koriander

CURRY-SENF-DRESSING

FÜR 1 GLAS
1 EL Ahornsirup
1 TL Senf (ohne Zuckerzusatz)
3 EL frisch gepresster Zitronensaft
2 EL Wasser
2 TL Currypulver
Meersalz

HEIDELBEER-DRESSING

FÜR 1 GLAS
2 Handvoll Blaubeeren
3 EL Olivenöl
4 EL Balsamico-Essig
1 TL Ahornsirup
2 TL Senf (ohne Zuckerzusatz)
Meersalz
frisch gemahlener schwarzer
Pfeffer

TIPP
Probiere das Dressing auch mal mit Himbeeren oder Erdbeeren!

HEIDELBEER-DRESSING
CURRY DRESSING
LIMETTEN-DRESSING
HIMBEER-DRESSING

NOCH MEHR DRESSINGS ...

BASIC DRESSING

FÜR 1 GLAS
Saft von 2 Zitronen
3 EL Olivenöl
1 TL Senf (ohne Zuckerzusatz)
2 TL Ahornsirup
¼ TL Meersalz

BASILIKUM-DRESSING

FÜR 1 GLAS
1 Handvoll Basilikum
1 Handvoll glatte Petersilie
3 EL Olivenöl
Saft von 2 Zitronen
1 TL Ahornsirup
Meersalz

BALSAMICO-FEIGEN-DRESSING

FÜR 1 GLAS
2 EL Balsamico-Essig
2 Feigen, Stiele entfernt (auch getrocknete Feigen eignen sich super)
3 EL Olivenöl
1 Schalotte, klein geschnitten
2 EL Wasser
Meersalz

CURRYDRESSING

FÜR 1 GLAS
2 EL Olivenöl
2 EL frisch gepresster Limettensaft
frisch gemahlener schwarzer Pfeffer
2 TL Currypulver
2 TL Ahornsirup
Meersalz

DETOXAPPROVED
werden alle Salatsaucen, wenn anstelle von Ahornsirup Dattelsirup verwendet wird.

GREEN-GODDESS-DRESSING

Mal wieder ein paar Kräuter im Kühlschrank, die nicht mehr ganz so frisch sind? KEIN PROBLEM!
Das Green-Goddess-Dressing ist eine köstliche Art, frische Kräuter zu verwenden, die du gerade zur Hand hast, oder solche, die dringend verarbeitet werden sollten. Ich liebe es als Salatdressing oder auch als Dip - es schmeckt immer lecker!

FÜR 1 GLAS

1 Handvoll glatte Petersilie
1 Handvoll Schnittlauch oder Dill
1 Handvoll Basilikum oder Koriander
1-2 Zitronen (ich mag das Dressing am liebsten mit 2 Zitronen)
60 g Cashewkerne
1 TL Kokos-Aminos
1 EL Olivenöl
½ TL Meersalz
frisch gemahlener schwarzer Pfeffer
1 Knoblauchzehe (optional)

SO GEHT'S

Zunächst die Kräuter grob hacken. Die Zitronen auspressen.

Alle Zutaten mit 1 EL Wasser vermengen und pürieren, bis das Dressing glatt ist und die Kräuter fein eingearbeitet sind.

Wenn das Dressing für deinen Geschmack zu dickflüssig ist, kannst du 1-2 EL Wasser hinzufügen, um die gewünschte Konsistenz zu erreichen. Du kannst auch z. B. Weißweinessig oder Reisessig verwenden, wenn du ein würzigeres Dressing bevorzugst.

Mit Salz und Pfeffer abschmecken. Optional eine geschälte und gehackte Knoblauchzehe hinzufügen.

Das Green-Goddess-Dressing in ein Gefäß mit Deckel füllen und vor dem Servieren für mindestens 30 Minuten in den Kühlschrank stellen. So können sich die Aromen vermischen und intensivieren.

MEINE LIEBLINGSTOPPINGS

KNUSPRIGE KICHERERBSEN

Ich LIEBE geröstete Kichererbsen - als Snack, auf Salaten oder als Chipsersatz auf der Couch. Knusprig und sättigend!

FÜR 1 BLECH
220 g gekochte Kichererbsen
1 EL Olivenöl
½ TL Meersalz
½ TL getrockneter Oregano (optional, aber sehr empfehlenswert!)

SO GEHT'S
Den Backofen auf 200 °C Umluft vorheizen. Die Kichererbsen abbrausen, abtropfen lassen und trocken tupfen.

Nach Belieben die Schalen entfernen. Ich persönlich mag es allerdings, sie mitzubacken. Sie werden dann besonders knusprig - wie Chips!

Die getrockneten Kichererbsen auf ein mit Backpapier ausgelegtes Backblech geben und dann Olivenöl, Salz und Oregano darauf verteilen. Gut durchmischen und die Bohnen so ausbreiten, dass sie sich möglichst nicht berühren.

Im Backofen etwa 20 Minuten knusprig braun backen, kurz abkühlen lassen und genießen.

KOKOS -»SPECK«

Ich finde: Kokos-»Speck« ist mit Abstand der beste vegane Speck, den du je probieren wirst.
Er schmeckt fast wie echter Speck, leicht rauchig und salzig, und hat eine knusprige Textur, die dir auf der Zunge zergeht. Wundere dich nicht, wenn du das ganze Blech aufisst!

FÜR 1 BLECH
1 EL Kokos-Aminos
½ TL Ahornsirup
½ TL geräuchertes Paprikapulver
80 g Kokoschips

SO GEHT'S
Den Backofen auf 200 °C Umluft vorheizen.

Die Kokos-Aminos, den Ahornsirup und das geräucherte Paprikapulver mit 1 TL Wasser vermischen und die Kokoschips darin wälzen.

Die Kokoschips auf einem mit einem Backpapier ausgelegten Backblech verteilen und im Backofen 12-15 Minuten backen, bis sie braun sind. Den »Speck« abkühlen lassen, damit er knusprig wird. Auf Salate geben oder pur als Snack genießen!

DETOXAPPROVED
wird das Dressing ohne Ahornsirup oder wenn anstelle des Ahornsirups Dattelsirup verwendet wird.

MARINIERTE BOHNEN

Ich liebe einfach alles, was in Essig eingelegt ist. Diese eingelegten Bohnen musst du unbedingt probieren! So eine köstliche Beilage zu Salaten und anderen Gerichten!

FÜR 3-4 PORTIONEN
440 g gekochte weiße Bohnen
3 EL kalt gepresstes Olivenöl
3 EL Essig nach Wahl
(ich verwende sehr gerne klassischen Weißweinessig)

Optional -
ganz nach Lust und Laune
1 TL getrockneter Oregano
½ TL getrockneter Thymian
½ TL getrocknetes Basilikum
Meersalz
frisch gemahlener schwarzer Pfeffer
1 Handvoll glatte Petersilie oder Dill, gehackt

SO GEHT'S
Die Bohnen abbrausen und abtropfen lassen.

Alle Zutaten vorsichtig in einer Schüssel vermengen, sodass alle Bohnen mit der Marinade bedeckt sind. Die Schüssel abdecken und die Bohnen vor dem Servieren mindestens 1-2 Stunden im Kühlschrank ziehen lassen.

EINGELEGTE ZWIEBELN

Ich bin eigentlich kein großer Zwiebelfan - aber diese eingelegten Zwiebeln sind genial. Nicht nur optisch auf jedem Salat ein Hingucker, sind sie geschmacklich eine absolute Explosion. Die gehören eigentlich in jeden Kühlschrank!

FÜR 1 GLAS
1 mittelgroße rote Zwiebel
120 ml Weißweinessig
1 EL Ahornsirup
1 ½ TL Meersalz

Optional -
ganz nach Lust und Laune
1 TL getrockneter Oregano
½ TL getrockneter Thymian
½ TL getrocknetes Basilikum
Meersalz
frisch gemahlener
schwarzer Pfeffer
1 Handvoll glatte Petersilie
oder Dill, gehackt

SO GEHT'S

Die Zwiebel abziehen, halbieren, in möglichst dünne Scheiben schneiden (ich verwende meine Mandoline) und in ein Glas geben. Den Essig, den Ahornsirup, das Salz und 240 ml heißes Wasser gut verrühren.

Die Mischung in das Glas mit der Zwiebel geben und darauf achten, dass die Zwiebelscheiben vollständig bedeckt sind. Das Glas verschließen und mindestens 1 Stunde stehen lassen - besser: über Nacht! Bis zu 3 Wochen im Kühlschrank aufbewahren.

TIPP

Probiere dieses Rezept unbedingt auch einmal mit anderen Gemüsesorten! Ich liebe z. B. auch eingelegten Blumenkohl und Brokkoli.

DETOXAPPROVED

werden die eingelegten Zwiebeln, wenn anstelle von Ahornsirup Dattelsirup verwendet wird.

LINSENSALAT

Dieser Linsensalat ist eines meiner Lieblingsgerichte zum Vorbereiten. Er ist sehr sättigend und voll mit nährstoffreichem Gemüse und proteinreichen Linsen. Ich finde vor allem, dass der Salat von Tag zu Tag besser schmeckt! Linsen enthalten viele lösliche Ballaststoffe, die helfen können, den Cholesterinspiegel zu senken und das Risiko für Herzkrankheiten zu verringern.

FÜR 2 PORTIONEN

Für den Salat
1 Avocado
1 Mango
1 Salatgurke
Granatapfelkerne (optional)
200 g gekochte braune Linsen
1 Handvoll Dill oder Koriander

Für das Dressing
2 EL Olivenöl
2 EL frisch gepresster Limettensaft
Meersalz
frisch gemahlener schwarzer Pfeffer
2 TL Currypulver
2 TL Ahornsirup

SO GEHT'S

Die Avodado halbieren, vom Kern befreien und aus der Schale lösen. Die Mango schälen und ebenfalls von ihrem Kern befreien. Das Avocado- und das Mangofruchtfleisch sowie die Gurke fein würfeln und den Dill fein hacken. Zusammen mit den übrigen Salatzutaten in eine Schüssel geben und vermengen.

Für das Dressing alle Zutaten in ein Glas mit Deckel geben und gut schütteln. Das Dressing über den Salat gießen, alles gründlich mischen und genießen.

DETOXAPPROVED

wird das Dressing ohne Ahornsirup oder wenn anstelle des Ahornsirups Dattelsirup verwendet wird.

TIPP

Ich koche Linsen (genauso wie Reis) gerne sonntags vor und kann sie so einfach Salaten, Bowls oder einem schnellem Curry hinzufügen.

GRÜNKOHLSALAT MIT GEBRATENEM GEMÜSE

Grünkohl ist ein wahres Kraftpaket an Nährstoffen. Er ist eine hervorragende Quelle für Vitamine und Mineralstoffe, darunter Vitamin K, Vitamin C, Vitamin A, Vitamin B_6, Mangan, Kalzium, Kalium und Kupfer. Eine Handvoll roher Grünkohl deckt weit über 100 % des empfohlenen Tagesbedarfs an Vitamin K und einen großen Teil anderer wichtiger Nährstoffe ab. Hier sind meine beiden Lieblingssalate mit Grünkohl.

FÜR 2 PORTIONEN
1 mittelgroße Süßkartoffel
1-2 Karotten
1 Rote Bete
½ rote Zwiebel
220 g gekochte Kichererbsen
3 EL Olivenöl
Meersalz
frisch gemahlener schwarzer Pfeffer
1 großzügige Handvoll Grünkohl
1-2 Zitronen
1-2 TL Ahornsirup

SO GEHT'S

Den Backofen auf 200 °C Ober-/Unterhitze vorheizen.

Die Süßkartoffel und die Karotten schälen und würfeln. Die Rote Bete würfeln. Die Zwiebel abziehen und in Würfel schneiden. Die Kichererbsen abbrausen und abtropfen lassen.

Das geschnittene Gemüse und die Kichererbsen auf ein mit Backpapier ausgelegtes Backblech geben und mit 1 EL Öl, Salz und Pfeffer bedecken.

Auf der mittleren Schiene im vorgeheizten Backofen 20-30 Minuten backen - zwischendurch immer wieder kontrollieren, dass das Gemüse nicht zu dunkel wird.

In der Zwischenzeit den Grünkohl vom Mittelstrunk und den harten Stielen befreien und in mundgerechte Stücke zupfen. Die Zitronen auspressen.

Den Grünkohl zusammen mit dem Zitronensaft, dem Ahornsirup und dem restlichen Olivenöl in eine Schüssel geben. 1-2 Minuten das Dressing in den Grünkohl einmassieren, um dessen feste Struktur aufzubrechen und ihn geschmeidiger zu machen. Das warme Gemüse über den Grünkohlsalat geben, abschmecken und sofort genießen.

DETOXAPPROVED
wird das Dressing ohne Ahornsirup oder wenn anstelle des Ahornsirups Dattelsirup verwendet wird.

GRÜNKOHLSALAT MIT BIRNEN

Für mich persönlich der ultimative Herbstsalat! Grünkohl und Birne sind in Kombination superlecker - und in jedem Bissen stecken so viele Nährstoffe. Der Salat sollte eigentlich SUPERPOWERSALAT heißen.

FÜR 2 PORTIONEN

Für den Salat
6-8 Grünkohlblätter
60 g Walnusskerne
1 Fenchelknolle
1 Birne
1 Avocado

Für das Dressing
3 EL Olivenöl
2 EL frisch gepresster Zitronensaft
1-2 TL Ahornsirup
Meersalz
frisch gemahlener schwarzer Pfeffer

SO GEHT'S

Den Ofen auf 175 °C Ober-/Unterhitze vorheizen.

Den Grünkohl vom Mittelstrunk und den harten Stielen befreien und in mundgerechte Stücke zupfen.

Alle Zutaten für das Dressing mischen und zum Grünkohl geben. Einige Minuten einmassieren.

Die Walnusskerne hacken und auf einem mit Backpapier ausgelegten Backblech verteilen.

Auf der mittleren Schiene im Backofen 5-10 Minuten rösten.

Die Fenchelknolle und die Birne in sehr dünne Scheiben schneiden (ich verwende gerne die Mandoline). Die Avocado halbieren, aus der Schale lösen, den Kern entfernen und das Fleisch in Scheiben schneiden.

Den Fenchel, die Birne und die Avodaco zum Grünkohl geben und alles gut vermischen. Die gerösteten Walnusskerne darüberstreuen und genießen.

DETOXAPPROVED
wird das Dressing ohne Ahornsirup oder wenn anstelle des Ahornsirups Dattelsirup verwendet wird.

ASIATISCHER REGENBOGENSALAT

»Eat the Rainbow« in einem Salat - Karotten enthalten zum Beispiel viel Vitamin C und Beta-Carotin, während dunkles Blattgemüse reich an Folsäure, Eisen und Vitamin K ist. Rotkohl soll gut für die Gesundheit des Herzens sein - das ist also die ultimative Powerzutat. Für mich ist der asiatische Regenbogensalat der perfekte Salat - knusprig, knackig, süß und herzhaft. Du kannst natürlich auch andere Gemüsesorten verwenden - ganz nach Herzenslust.

FÜR 2 PORTIONEN

Für den Salat
4-5 große Grünkohlblätter oder Salat nach Wahl
1 Karotte
½ Rotkohl
1 Frühlingszwiebel
1 Handvoll frischer Koriander
1 Handvoll Mandelblättchen zum Servieren

Für das Thai-Dressing
64 g Erdnussbutter oder Mandelmus
1 EL Reisessig
2 EL Sesamöl
2 EL frisch gepresster Limettensaft
1 EL Kokos-Aminos
3 EL Ahornsirup
1 Stück Ingwer (ca. 2 cm groß)
¼ TL Meersalz
¼ TL zerstoßene rote Pfefferbeeren

SO GEHT'S

Für den Salat den Grünkohl vom Mittelstrunk und den harten Stielen befreien und in mundgerechte Stücke zupfen.

Die Karotte, den Rotkohl, die Frühlingszwiebel und den Koriander fein hacken.

Den Grünkohl mit der Karotte, dem Rotkohl, der Frühlingszwiebel und dem Koriander mischen und gut umrühren.

Nun das Dressing zubereiten. Dafür den Ingwer schälen und reiben und die anderen Zutaten zusammen mit etwa 2 EL Wasser (oder mehr nach Bedarf) mischen.
Alle Zutaten für das Dressing vermengen, unter den Salat mischen und diesen 5-10 Minuten marinieren lassen.

Die Mandelblättchen darauf verteilen und den Regenbogensalat sofort genießen.

DETOXAPPROVED
wird das Rezept ohne Ahornsirup oder wenn Dattelsirup anstelle des Ahornsirups verwendet wird.

SUMMER BOWL

Ich kann es nicht oft genug sagen: ISS MEHR BOHNEN! In der Kombination mit dem Korianderdressing und der Kokos-Quinoa ein absoluter Sommertraum.

FÜR 2 PORTIONEN

Für die Kokos-Limetten-Quinoa
175 g Quinoa
400 ml Kokosmilch
2 unbehandelte Limetten
1-2 EL Kokosblütensirup (optional)

Für die Bowl
1 Avocado
1 Handvoll Romanasalat
½ rote Zwiebel
1 rote Paprikaschote
1 x grünes Power-Dressing (siehe Rezept auf Seite 158)
220 g gekochte weiße Bohnen
Meersalz
frisch gemahlener schwarzer Pfeffer
1 Handvoll Koriander und ½ Limette, in Spalten, zum Servieren

SO GEHT'S

Die Quinoa waschen, abtropfen lassen und in einem mittelgroßen Topf mit der Kokosmilch und 40 ml Wasser vermengen. Die Limetten abreiben und auspressen und nur den Saft in den Topf geben. Den Limettenabrieb beiseitestellen. Die Zutaten im Topf zum Kochen bringen.

Den Topf abdecken, die Temperatur reduzieren und die Quinoa etwa 12-15 Minuten weiterköcheln lassen. Fleißig umrühren!

Den Topf vom Herd nehmen und abkühlen lassen. Nun den Abrieb der beiden Limetten unterrühren. Wer es gerne süßer mag, kann Kokosblütensirup einrühren.

Die Avocado halbieren und den Kern entfernen. Das Fruchtfleisch aus der Schale lösen und würfeln. Den Romanasalat grob hacken und die Zwiebel sowie die Paprikaschote in dünne Ringe schneiden.

Die Kokos-Limetten-Quinoa auf Schüsseln verteilen. Das Koriander-Dressing sowie die Zutaten für die Bowl daraufgeben und mit Salz und Pfeffer abschmecken. Mit den Limettenspalten und darübergestreuten Korianderblättchen servieren.

DETOXAPPROVED
wird die Summer Bowl, wenn auf die Verwendung der Paprika verzichtet wird.

SALATE IM EINMACHGLAS

Verschiedene nahrhafte und köstliche Salate, die du in ein Einmachglas schichtest, eignen sich perfekt, um sie mit zur Arbeit oder zu einem Picknick zu nehmen. Du kannst auch super Reste dazu verwenden, die von Mahlzeiten am Vortag übrig sind. Gut für dich UND den Planeten! So klappt die Zubereitung garantiert:

1. **SALATSAUCE EINFÜLLEN**
   Beginne mit dem Dressing.

2. **»WEICHES« GEMÜSE ODER OBST HINZUFÜGEN**
   Optionen: Gurken, Tomaten, Rote Paprika oder Erdbeeren, Brombeeren

3. **»FESTE« GEMÜSESORTEN HINZUFÜGEN**
   Karotten, Brokkoli, Zuckererbsen, Bohnen, Blumenkohl

4. **TROCKENE ZUTATEN HINZUFÜGEN**
   Nüsse, Kerne, Kichererbsen

5. **SALAT HINZUFÜGEN**
   Rucola, Romana, Grünkohl

Gib den Inhalt in eine Schüssel oder iss den Salat direkt aus dem Glas.
Guten Appetit!

EIN BEISPIELSALAT

Salate im Glas sehen nicht nur superschick aus, sondern sie sind auch noch unglaublich lecker und praktisch zum Mitnehmen.

FÜR 2 PORTIONEN

Für das Zitronen-Olivenöl-Dressing
1 Zitrone
1 Orange
1 Grapefruit
2 EL Olivenöl
Meersalz
frisch gemahlener schwarzer Pfeffer

Für den Salat
220 g gekochte Kichererbsen
200 g gekochter Quinoa
1 Handvoll Brokkoliröschen (roh oder gebratene Reste)
60 g Kürbiskerne
1-2 Handvoll Spinat
Gemüse nach Wahl (Gurken, Tomaten, Zwiebeln, Karotten etc.)

SO GEHT'S

Für das Dressing die Zitrone, die Orange und die Grapefruit auspressen. Die Säfte gemeinsam mit dem Olivenöl, dem Salz und dem Pfeffer verrühren.

Für den Salat die Kichererbsen abbrausen und abtropfen lassen.

Alle anderen Salatzutaten in das Glas geben – Reihenfolge beachten (siehe links)! Im Kühlschrank aufbewahrt hält sich der Salat im Einmachglas 3-4 Tage.

DETOXAPPROVED

wird der Salat, wenn Orangen- und Grapefruitsaft durch mehr Zitronensaft ersetzt werden oder ein alternatives Dressing zum Einsatz kommt (siehe Rezepte ab Seite 158), das detoxgeeignet ist. Auch Paprikaschoten und Tomaten dürfen dann nicht verwendet werden.

SUPPEN

GOLDENE SÜSSKARTOFFELSUPPE

Meine absolute Lieblingssuppe! Die gibt es im Herbst und Winter auch gerne jede Woche - ich koche dann immer die doppelte Menge - sie schmeckt nämlich auch zwei Tage später mit Reis noch super. Das Tollste an der Suppe ist neben dem Geschmack auch die Zubereitung. So unkompliziert und schnell!

FÜR 2 PORTIONEN

½ Zwiebel
1 Knoblauchzehe (oder mehr nach Belieben)
1 großes Stück Ingwer (ca. 2-5 cm)
2 mittelgroße Süßkartoffeln (ca. 300 g)
2 EL Olivenöl
700 ml Gemüsebrühe
200 ml Kokosmilch
200 g rote Linsen
2 EL Kokos-Aminos
2 TL Currypulver
Meersalz
frisch gemahlener schwarzer Pfeffer

Zum Servieren (optional)

2 EL Kokosjoghurt
½ Limette, in Spalten
1 Handvoll Koriander

SO GEHT'S

Die Zwiebel abziehen und klein schneiden. Den Knoblauch abziehen und hacken. Den Ingwer schälen und fein reiben. Die Süßkartoffeln schälen und würfeln.

Das Olivenöl in einem großen Topf erhitzen und die Zwiebel hinzufügen. Etwa 3 Minuten anschwitzen, bis die Zwiebel weich ist. Den Knoblauch und den Ingwer hinzufügen und weitere 2 Minuten anbraten, dann die Süßkartoffelwürfel hinzufügen.

Die Gemüsebrühe, die Kokosmilch und die roten Linsen hinzugeben, zum Kochen bringen und die Temperatur reduzieren. Die Kokos-Aminos und das Currypulver hinzufügen und 15-20 Minuten köcheln lassen, bis die Süßkartoffeln weich sind. Wenn die Suppe zu dickflüssig ist, mehr Kokosmilch hinzufügen.

Mit Salz und Pfeffer abschmecken.

Ich püriere die Suppe nicht - wenn du sie lieber »flüssiger« magst, spricht aber natürlich nichts dagegen.

Mit etwas Kokosjoghurt, Limettensaft und frischem Koriander garnieren. Genießen.

DETOX-NUDELSUPPE FÜR ABENDS

Die Idee bei dem 21-Tage-Detox-Programm ist, abends einen Smoothie zu trinken - also etwas Flüssiges und Rohes. Wenn du von Smoothies am Abend zwischendurch mal eine Pause brauchst, ist diese Suppe die perfekte Alternative. Natürlich auch ohne Detox eine sehr leckere und empfehlenswerte Suppe.

FÜR 2 PORTIONEN

1 Zwiebel
1-2 Knoblauchzehen
1 Stück Ingwer (ca. 2 cm)
4 Selleriestangen
2 Karotten
1 ½ EL Olivenöl
850 ml Gemüsebrühe
230 g dünne Reisnudeln
Koriander
1 Limette zum Servieren (optional)

SO GEHT'S

Die Zwiebel und den Knoblauch abziehen und grob hacken. Den Ingwer schälen und fein reiben.

Die Selleriestangen und die Karotten fein würfeln.

Das Olivenöl in einem großen Topf auf mittlerer Stufe erhitzen. Die Zwiebel hinzugeben und auf mittlerer Stufe 2-3 Minuten anschwitzen, bis sie glasig ist. Dann den Knoblauch, den Ingwer, die Karotten und die Selleriestangen hinzufügen und 1 weitere Minute kochen.

Die Gemüsebrühe hinzugeben und unter Rühren zum Kochen bringen, dann die Temperatur auf mittlere bis niedrige Stufe reduzieren und alles 5 Minuten köcheln lassen.

Die Nudeln hinzugeben und köcheln lassen, bis sie weich sind.

Nach Belieben mit viel Koriander und Limettenspalten servieren.

4 x Suppe

BLUMENKOHL-KAROTTEN-SUPPE

Eine cremige Blumenkohl-Karotten-Suppe, die dein Herz erwärmt und außerdem entzündungshemmende Wirkung hat. Diese Suppe ist leicht süß und hat eine samtige Textur, die du lieben wirst. Sie ist sehr einfach zu machen. Die perfekte Suppe, wenn du abends eine leicht verdauliche Mahlzeit brauchst.

FÜR 4 PORTIONEN

1 großer Blumenkohl
3-4 große Karotten
1 Stange Lauch
½ weiße Zwiebel
2-3 Knoblauchzehen
1 großes Stück Ingwer (ca. 2-4 cm)
2 EL Olivenöl
Meersalz
frisch gemahlener schwarzer Pfeffer
1 TL Currypulver
800 ml Gemüsebrühe
200 ml Kokosmilch
glatte Petersilie und Pinienkerne zum Bestreuen (optional)

SO GEHT'S

Den Backofen auf 200 °C vorheizen. Den Strunk und die Blätter des Blumenkohls entfernen, die Blumenkohlröschen zerteilen und, falls nötig, in kleinere Stücke schneiden. Die Karotten grob würfeln. Den weißen Teil des Lauchs in Ringe schneiden und den grünen Teil für ein anderes Rezept aufbewahren.

Die Zwiebel abziehen und würfeln. Den Knoblauch abziehen und hacken. Den Ingwer schälen und fein reiben. Den Blumenkohl und die Karotten mit einem Spritzer Olivenöl vermischen und mit Salz und Pfeffer bestreuen.
Auf einem mit Backpapier ausgelegten Backblech verteilen und auf der mittleren Schiene im Backofen 20-25 Minuten rösten bzw. so lange backen, bis das Gemüse karamellisiert und weich ist. Nach der Hälfte der Backzeit wenden.

Während das Gemüse röstet, das Olivenöl in einem großen Topf auf mittlerer Stufe erhitzen. Den Lauch und die Zwiebel dazugeben und mit Salz und Pfeffer würzen. Unter gelegentlichem Rühren kochen, bis sie leicht gebräunt sind (etwa 5-6 Minuten).

Dann den Ingwer, den Knoblauch und das Currypulver in den Topf geben. Unter gelegentlichem Rühren 4-5 Minuten kochen. Nun die Gemüsebrühe, die Kokosmilch, den gerösteten Blumenkohl und die Karotten in den Topf geben. Die Temperatur erhöhen und die Suppe zum Kochen bringen.

Sobald die Suppe kocht, die Temperatur reduzieren, die Suppe abdecken und weitere 10 Minuten sanft köcheln lassen.

Währenddessen optional die Petersilie fein hacken und die Pinienkerne in einer Pfanne leicht anrösten.

Schließlich die Suppe pürieren, bis sie cremig und glatt ist. Nach Belieben mit der Petersilie und den Pinienkernen garnieren und genießen.

KÜRBISSUPPE

Curry-Butternut-Kürbissuppe ist eine köstliche Art, die Kürbissaison zu beginnen! Diese Suppe ist leicht süß, würzig und cremig und hat eine samtige Textur. Du brauchst den Butternut-Kürbis nicht vorher zu rösten, sondern kochst alles in einem Topf! Butternut-Kürbis enthält viele Vitamine und Ballaststoffe, die sich positiv auf deinen Darm auswirken. Diese Suppe ist eine schnelle und wärmende Mahlzeit.

FÜR 4 PORTIONEN

1 mittelgroßer Butternut-Kürbis
½ Zwiebel
2-3 Knoblauchzehen
1 großes Stück Ingwer (ca. 2-5 cm)
2 EL Olivenöl
800 ml Gemüsebrühe
1 TL Currypulver
400 ml Kokosmilch
1 TL Ahornsirup
Meersalz
frisch gemahlener schwarzer Pfeffer
Kokosjoghurt und Kürbiskerne zum Servieren (optional)

SO GEHT'S

Die Kerne des Butternut-Kürbis entfernen und das Fruchtfleisch in grobe Würfel schneiden. Die Zwiebel und den Knoblauch abziehen und hacken. Den Ingwer schälen und fein reiben.

Das Öl in einem großen Topf erhitzen, die Zwiebel und den Knoblauch hinzugeben und 5 Minuten anschwitzen - umrühren nicht vergessen!

Den Kürbis hinzufügen und weitere 10 Minuten anbraten. Die Gemüsebrühe, den Ingwer und das Currypulver hinzugeben und alles zum Kochen bringen.

Die Temperatur reduzieren und alles etwa 10 Minuten köcheln lassen.

Die Kokosmilch und den Ahornsirup hinzufügen und cremig pürieren. Mit Salz und Pfeffer abschmecken und sofort genießen.

Optional mit etwas Kokosjoghurt garnieren und einige Kürbiskerne hinzufügen.

DETOXAPPROVED

wird das Rezept ohne Ahornsirup oder wenn Dattelsirup anstelle des Ahornsirups verwendet wird.

TOMATEN-LINSEN-SUPPE
BLUMENKOHL-KAROTTEN-SUPPE
KÜRBISSUPPE
KAROTTEN-INGWER-SUPPE

KAROTTEN-INGWER-SUPPE

detoxapproved

Dieses einfache Suppenrezept besteht aus nur sieben Zutaten und ist einfach köstlich. Die cremige Basis der Suppe kommt allein von den pürierten Karotten, während der Ingwer dem Gericht eine tolle Frische gibt und gut mit der Süße der Karotten harmoniert.

FÜR 4 PORTIONEN
½ mittelgroße Zwiebel
3 Knoblauchzehen
1 Stück Ingwer (ca. 2 cm)
500 g Karotten
1 EL kalt gepresstes Olivenöl
½ TL Meersalz
frisch gemahlener schwarzer Pfeffer
1 EL Apfelessig
450 ml Gemüsebrühe
1 TL Ahornsirup (optional)
Kokosmilch zum Servieren (optional)

SO GEHT'S
Die Zwiebel abziehen und klein würfeln, den Knoblauch abziehen und zerdrücken. Den Ingwer schälen und fein reiben. Die Karotten grob würfeln.

Das Öl in einem großen Topf auf mittlerer Stufe erhitzen. Die Zwiebel, das Salz und den Pfeffer hinzugeben und unter gelegentlichem Rühren etwa 8 Minuten anschwitzen, bis die Zwiebel weich ist.

Die zerdrückten Knoblauchzehen und die Karotten in den Topf geben und weitere 8 Minuten unter gelegentlichem Rühren anbraten.

Nun den Ingwer, den Apfelessig und die Gemüsebrühe einrühren. Alles zum Kochen bringen, dann die Temperatur reduzieren und die Suppe 30 Minuten köcheln lassen.

Danach leicht abkühlen lassen und die Suppe pürieren, bis sie glatt ist. Ist sie zu dick, ein wenig Wasser hinzugeben. Soll die Suppe etwas süßer sein, den Ahornsirup hinzugeben.

Nach Belieben mit einem Schuss Kokosmilch servieren.

DETOXAPPROVED
wird das Rezept ohne Ahornsirup oder wenn Dattelsirup anstelle des Ahornsirups verwendet wird.

TOMATEN-LINSEN-SUPPE

Die unsichtbare Power-Zutat dieser Suppe sind definitiv die roten Linsen. Sie sind schnell zubereitet, enthalten viele Ballaststoffe und verwandeln jede Suppe und jeden Eintopf in einen cremigen Traum.

FÜR 4 PORTIONEN
1 Zwiebel
1-2 Knoblauchzehen
1 Karotte
10 reife Tomaten
2 EL Olivenöl
950 ml Gemüsebrühe
200 g rote Linsen
1 Handvoll Basilikum (optional)
Meersalz
frisch gemahlener schwarzer Pfeffer

SO GEHT'S
Die Zwiebel und den Knoblauch abziehen und hacken. Die Karotte und Tomaten grob würfeln.

Die Zwiebel, den Knoblauch und die Karotte mit 2 EL Olivenöl vermengen und 3-5 Minuten in einem großen Topf anschwitzen.

Die Gemüsebrühe, die Tomaten und die roten Linsen dazugeben, alles zum Kochen bringen und 20 Minuten köcheln lassen.

Danach die Suppe abkühlen lassen, optional etwas frisches Basilikum hinzufügen und alles pürieren, bis die Suppe glatt ist.

Mit Salz und Pfeffer abschmecken und genießen.

STÄRKENDE TOMATENSUPPE

Stärke dein Immunsystem mit dieser Tomatensuppe!
Diese herzhafte und leckere Tomatensuppe ist vollgepackt mit das Immunsystem stärkenden Zutaten, damit du dich stark und gesund fühlst. Voller Antioxidantien und wichtiger Nährstoffe ist sie die perfekte Unterstützung für dein Immunsystem zu jeder Jahreszeit - aber eben besonders im Herbst und Winter. Mach es dir auf der Couch gemütlich.

FÜR 2 PORTIONEN
1 kleine Zwiebel
2 Knoblauchzehen
2 mittelgroße Karotten
2 Selleriestangen
2 EL Olivenöl
4 mittelgroße reife Tomaten
450 ml Gemüsebrühe
1 kleines Stück Ingwer (ca. 2 cm)
1 Msp. gemahlene Kurkuma
8 Blätter Basilikum
2-3 Zweige Thymian
1 Handvoll glatte Petersilie
1 Handvoll Koriander
Meersalz
frisch gemahlener schwarzer Pfeffer

SO GEHT'S
Die Zwiebel und den Knoblauch abziehen und zusammen mit den Karotten und den Selleriestangen fein hacken.

Etwas Öl in einem Topf erhitzen und alles Gemüse etwa 5 Minuten anschwitzen. Währenddessen die Tomaten würfeln und zum restlichen Gemüse in den Topf geben, wenn dieses gar ist.

Die Gemüsebrühe angießen und die Suppe 15-20 Minuten köcheln lassen.

Das Ingwerstück schälen und ganz hinzugeben. Die Kurkuma ergänzen - beides ist super für das Immunsystem.

Das Basilikum, den Thymian, die Petersilie und den Koriander fein hacken. Ein wenig davon beiseitestellen und den Rest der Suppe hinzufügen. Diese mit Salz und Pfeffer abschmecken.

Nun die Suppe pürieren, bis sie glatt und cremig ist. Die heiße Suppe servieren und mit den beiseitegestellten Kräutern garnieren.

OFENGEMÜSESUPPE

Man nehme: ein Backblech mit Gemüse, einen Mixer, Kokosmilch und Gewürze. Fertig ist eine köstliche Suppe. Ich werde nie wieder abgepackte Fertigsuppen kaufen, wenn es doch so einfach und schnell geht, sich eine warme, gesunde und cremige Suppe zu kochen. Hier ist meine Lieblingsversion.

FÜR 2 PORTIONEN
10 mittelgroße Tomaten
1 Zucchini
½ Zwiebel
2 Knoblauchzehen
2 EL Olivenöl
¼ TL Meersalz
frisch gemahlener schwarzer Pfeffer
1 TL Oregano
450 ml Kokosmilch oder Gemüsebrühe

SO GEHT'S

Den Backofen auf 200 °C Ober-/Unterhitze vorheizen. Die Tomaten halbieren und von ihrem grünen Stielansatz befreien. Die Zucchini grob würfeln. Die Zwiebel abziehen und ebenfalls würfeln.
Den Knoblauch abziehen und fein hacken.

Die Tomaten, die Zucchini, die Zwiebel und den Knoblauch auf einem mit Backpapier ausgelegten Backblech verteilen und mit etwas Olivenöl beträufeln. Das Salz, den Pfeffer und den Oregano hinzugeben und alles 30-40 Minuten auf der mittleren Schiene backen.

Das fertig gebackene Gemüse mit der Kokosmilch oder der Gemüsebrühe pürieren, bis eine cremige Suppe entsteht. Entweder sofort genießen oder nochmals in einem Topf auf dem Herd erwärmen.

TIPP

Ich liebe die Suppe auch z. B. mit Kartoffeln, Karotten und Kürbis im Winter. Die Suppe eignet sich auch wunderbar, um Gemüsereste zu verwerten. Sei kreativ!

MAROKKANISCHE LINSENSUPPE

Marokkanische Linsensuppe ist eine meiner absoluten Lieblingssuppen. Linsen sind eine hervorragende pflanzliche Eiweißquelle, und Eiweiß ist wichtig für den Aufbau und die Reparatur des Gewebes, die Unterstützung des Immunsystems und die Aufrechterhaltung verschiedener Körperfunktionen. Hier ist ein leckeres und unkompliziertes Rezept für dich.

FÜR 2 PORTIONEN

200 g braune Linsen
1 große Zwiebel
3 Knoblauchzehen
2 mittelgroße Karotten
2 Selleriestangen
1 EL Olivenöl
1 TL gemahlener Kreuzkümmel
1 TL gemahlener Koriander
1 TL gemahlene Kurkuma
½ TL gemahlener Zimt
¼ TL Cayennepfeffer (optional)
950 ml Gemüsebrühe
400 g Tomaten aus der Dose
Meersalz
frisch gemahlener schwarzer Pfeffer

SO GEHT'S

Die Linsen abbrausen und abtropfen lassen. Die Zwiebel und den Knoblauch abziehen und fein hacken. Die Karotten und die Selleriestangen fein würfeln. Das Olivenöl in einem großen Topf auf mittlerer Stufe erhitzen. Die Zwiebel hinzufügen und anschwitzen, bis sie glasig wird.

Den Knoblauch, den Kreuzkümmel, den Koriander, die Kurkuma, den Zimt und optional den Cayennepfeffer in den Topf geben. Gut umrühren und 1 Minute braten, bis die Gewürze ihr Aroma entfalten.

Die Karotten und die Selleriestangen in den Topf geben und weitere 3–4 Minuten anbraten. Die Gemüsebrühe hinzufügen und alles zum Kochen bringen. Die Temperatur reduzieren und die Linsen und die gewürfelten Tomaten (mit ihrem Saft) hinzugeben.

Den Topf abdecken und die Suppe etwa 20–25 Minuten köcheln lassen, bis die Linsen weich sind. Mit Salz und Pfeffer abschmecken. Wenn die Linsen gar sind, sollte die Suppe eine dicke, cremige Konsistenz haben.

GREEN-GODDESS-BROKKOLISUPPE

Der Name der Suppe ist Programm! Brokkoli und Spinat sind nährstoffreiche Gemüsesorten, während Süßkartoffeln der Suppe natürliche Süße und eine cremige Konsistenz verleihen.

FÜR 2 PORTIONEN
½ mittelgroße Zwiebel
1 mittelgroße Süßkartoffel
1 großer Brokkoli
2 EL Olivenöl
2 Lorbeerblätter
950 ml Gemüsebrühe
2 Handvoll Blattspinat
Meersalz
frisch gemahlener schwarzer Pfeffer
Kokosjoghurt und frische Kräuter zum Servieren (optional)

SO GEHT'S

Die Zwiebel abziehen und fein würfeln. Die Süßkartoffel schälen und ebenfalls würfeln. Den Brokkoli in Röschen zerteilen.

In einem großen Topf das Olivenöl auf mittlerer Stufe erwärmen und die Zwiebel sanft anschwitzen.

Nun den Brokkoli und die Süßkartoffel hinzufügen und 5 Minuten anbraten, anschließend die Lorbeerblätter und die Gemüsebrühe hinzugeben.

Die Suppe leicht aufkochen lassen. Dann die Temperatur reduzieren und die Suppe etwa 15 Minuten köcheln lassen, bis die Kartoffel und der Brokkoli weich sind. Immer wieder umrühren. Die Lorbeerblätter entfernen, den Blattspinat hinzugeben und mit Salz und Pfeffer abschmecken. Die Suppe glatt pürieren und servieren.

Ich garniere die Suppe sehr gerne mit einem Klacks Kokosjoghurt und einigen frischen Kräutern, wie z. B. Dill, Koriander oder Basilikum.

CREMIGE LINSEN-BLUMENKOHL-SUPPE

Die unsichtbare Geheimzutat dieser Suppe sind die roten Linsen! Die machen diese Blumenkohlsuppe so unglaublich cremig und lecker.

FÜR 4 PORTIONEN
1 kleine Zwiebel
2 Karotten
1 Selleriestange
1 Stück Ingwer (1-2 cm)
1-2 Knoblauchzehe
2 TL Olivenöl
1 Blumenkohl
2-3 TL Currypulver
1 l Gemüsebrühe
120 g rote Linsen
Meersalz
60 ml Kokosmilch
frisch gemahlener schwarzer Pfeffer
Kokosjoghurt und Koriander zum Servieren (optional)

SO GEHT'S

Die Zwiebel abziehen und klein schneiden. Die Karotten und die Selleristange grob hacken. Den Ingwer schälen und fein reiben. Den Knoblauch abziehen und fein hacken.

Einen großen Topf erhitzen und das Öl, die Zwiebel, die Karotten und die Selleriestange hineingeben und 5 Minuten anschwitzen - umrühren nicht vergessen!

Den Ingwer und den Knoblauch hinzufügen und weitere 2-3 Minuten anbraten.

Den Blumenkohl in Röschen zerteilen und diese zusammen mit dem Currypulver, der Gemüsebrühe, den roten Linsen und etwas Salz ebenfalls in den Topf geben und alles zum Kochen bringen. Dann die Temperatur reduzieren und die Suppe 15 Minuten köcheln lassen.

Die Kokosmilch hinzufügen und die Suppe cremig pürieren. Mit Salz und Pfeffer abschmecken und sofort genießen.

Optional mit etwas Koriander und einem Klecks Kokosjoghurt garnieren.

NUDEL-KICHERERBSEN-SUPPE

Hier kommt meine vegane Kichererbsensuppe - eine köstliche Abwandlung der traditionellen Hühnersuppe! Mit mindestens genauso viel Power, denn Kichererbsen enthalten viel pflanzliches Protein.

FÜR 4 PORTIONEN
220 g gekochte Kichererbsen
1 Zwiebel
2 Karotten
2 Selleriestangen
3 Tomaten
1 EL Olivenöl
2 Lorbeerblätter
1 Zweig Rosmarin
120 g feine glutenfreie Nudeln deiner Wahl
Meersalz
frisch gemahlener schwarzer Pfeffer
frische Basilikumblätter zum Servieren (optional)

SO GEHT'S

Die Kichererbsen abbrausen und abtropfen lassen. Die Zwiebel abziehen und klein hacken. Die Karotten, die Selleriestangen und die Tomaten fein hacken.

Zunächst das Öl in einem großen Topf erhitzen und die Zwiebel, die Karotten und den Sellerie darin anschwitzen.

Die Lorbeerblätter und den Rosmarin hinzufügen. 1 l Wasser angießen und die Suppe zum Kochen bringen. Die Temperatur reduzieren, den Deckel auf den Topf setzen und alles köcheln lassen, bis das Gemüse weich ist. Nun die Kichererbsen, die ungekochten Nudeln und die Tomaten hinzufügen und 10 Minuten kochen lassen.

Mit Salz und Pfeffer abschmecken, nach Belieben mit frischen Basilikumblättern garnieren und sofort servieren.

TIPP

Statt der Kichererbsen kannst du auch schwarze Bohnen und statt Rosmarin Oregano verwenden.

SWEET *TREATS*

SCHOKO-MINZ-TÄFELCHEN

FUNFACT: Traditionellerweise ist diese Schokolade für den Verzehr nach dem Abendessen gedacht. Mein Mann hat sich eine gesunde Version gewünscht, und entstanden ist dieses Rezept hier - so einfach und so lecker! Die gepuffte Quinoa verleiht dem Minz-Schokoladen-Geschmack einen knusprigen Touch!

FÜR CA. 20 STÜCK
180 g vegane dunkle Schokolade
30 g gepuffte Quinoa
70 g Cashew- oder Mandelmus
2-3 TL Pfefferminzöl
(unbedingt darauf achten, dass es zum Verzehr geeignet ist)

Wenn du kein geeignetes Pfefferminzöl findest - hier ist ein Rezept zum Selbermachen:

<u>**Für 1 Glas Minzöl**</u>
1 Handvoll frische Pfefferminzblätter
Sonnenblumenöl

SO GEHT'S
Die Schokolade über einem Wasserbad schmelzen. Alle übrigen Zutaten sorgfältig unterrühren.

Die Schokolade in eine Silikonform geben - vielleicht hast du eine Eiswürfelform, oder ansonsten kannst du auch eine Kastenform mit Backpapier auslegen und verwenden.

Im Kühlschrank 2 Stunden fest werden lassen und genießen!

Haltbar sind die kleinen schokoladigen Snacks, im Kühlschrank aufbewahrt, etwa 7 Tage, doch sie sind ohnehin vorher aufgegessen, keine Sorge.

Für das Minzöl die Pfefferminzblätter zerdrücken und in ein Glas mit dicht schließendem Deckel geben. So viel Sonnenblumenöl darübergießen, dass die Blätter vollständig bedeckt sind, und das Glas verschließen. Gut schütteln.

Das aromatisierte Öl 3 Tage an einem dunklen, kühlen Ort ziehen lassen. In ein weiteres Glas abseihen und die Blätter entsorgen. Im Kühlschrank aufbewahrt, hält sich das Öl bis zu 6 Monate.

TIPP
Ein einfaches Rezept für selbst gemachte vegane Schokolade findest du auf Seite 198.

SELBST GEMACHTE SCHOKOLADE

Seitdem ich meine eigene Schokolade herstelle, kaufe ich kaum noch welche. Es geht so schnell, und ich weiß genau, was drin ist. Jede Woche variiere ich die Toppings - so kommt Abwechslung ins Spiel.

OPTION 1

FÜR 1 TAFEL
70 g Kakaobutter
80 g Ahornsirup
20 g rohes Kakaopulver

SO GEHT'S

Ein kleines Tablett oder eine Form mit Backpapier auslegen oder Silikonformen verwenden. So lässt sich die Schokolade leichter herausnehmen, wenn sie fest geworden ist.

Die Kakaobutter über einem Wasserbad schmelzen.

Den Ahornsirup und das Kakaopulver unterrühren.

Abschmecken - die Kakaobutter ist sehr bitter - und nach Bedarf noch mehr Ahornsirup hinzugeben.

Die flüssige Schokolade in die vorbereitete Form gießen und im Kühlschrank hart werden lassen.

Bis zum Servieren im Kühlschrank aufbewahren - die Schokolade hält sich theoretisch 7 Tage. Praktisch ist sie bestimmt vorher aufgegessen!

OPTION 2

FÜR 1 TAFEL
120 g Kokosöl
60 g rohes Kakaopulver
60 g Ahornsirup (nach Belieben)
1 Msp. Bourbon-Vanillepulver (optional)
1 Msp. Meersalz (optional)

SO GEHT'S

Ein kleines Tablett oder eine Form mit Backpapier auslegen oder Silikonformen verwenden. So lässt sich die Schokolade leichter herausnehmen, wenn sie fest geworden ist.

Das Kokosöl auf kleiner Stufe schmelzen, bis es flüssig ist. Das Kakaopulver in eine Schüssel sieben, um Klumpen zu entfernen.

Dann das geschmolzene Kokosöl, das Kakaopulver, den Ahornsirup, das Bourbon-Vanillepulver und optional das Meersalz in einer Rührschüssel vermengen. Gut umrühren, bis alle Zutaten gründlich vermischt sind.

Nach Belieben die Süße mit mehr Ahornsirup anpassen.

Die Schokoladenmasse in die vorbereitete Form gießen.

Die Form in den Kühl- oder Gefrierschrank stellen, damit die Schokolade fest werden kann. Im Kühlschrank dauert es etwa 30 Minuten bis 1 Stunde, im Gefrierschrank etwa 15-20 Minuten.

Sobald die Schokolade fest geworden ist, aus der Form nehmen und in Stücke brechen. Deine selbst gemachte vegane Schokolade ist fertig zum Genießen!

Übrig gebliebene Schokolade in einem luftdichten Behälter im Kühlschrank aufbewahren, damit sie nicht schmilzt, besonders bei warmem Wetter.

DETOXAPPROVED
wird das Rezept ohne Ahornsirup oder wenn Dattelsirup anstelle des Ahornsirups verwendet wird.

TIPP
Nach Belieben kannst du die Schokolade mit Nüssen oder gefriergetrockneten Früchten verfeinern.

8 X ENERGY BALLS

Ich liebe Energiebällchen! Die Powerbälle sind kleine, nährstoffreiche Snacks - reich an wichtigen Nährstoffen wie gesunden Fetten, Proteinen, Ballaststoffen, Vitaminen und Mineralien. Sie sind einfach zuzubereiten und können vor allem prima vorbereitet werden. Im Kühlschrank aufbewahrt sind sie sogar bis zu 7 Tage haltbar! (ACHTUNG, viel zu lecker!) Sie sind kompakt und passen in jede Tasche, was sie zu einem praktischen Snack für unterwegs macht. Die Nährstoffdichte der Energiebälle macht sie sättigend und hilft, den Hunger zwischen den Mahlzeiten in Schach zu halten und die Wahrscheinlichkeit zu verringern, dass man zu ungesunden Snacks greift. Reichen die Argumente? Dann kommen hier meine absoluten Favoriten.

HAZELNUT NOUGAT BALLS

Schon beim ersten Bissen macht der Name Sinn - sie schmecken wie die berühmte Schokocreme, sind aber eben viel gesünder und leckerer!

FÜR 10-12 BÄLLCHEN
100 g Haselnusskerne
120 g Mandel- oder Haselnussmus
200 g Medjool-Datteln
25 g rohes Kokaopulver

SO GEHT'S
Den Backofen auf 200 °C Ober-/Unterhitze vorheizen. Die Haselnusskerne auf der mittleren Schiene 8-10 Minuten im Backofen rösten. Im Anschluss fein mahlen und einen Teil beiseitestellen.

Die gemahlenen Nusskerne zusammen mit den übrigen Zutaten und 1 EL Wasser (und mehr nach Bedarf) zu einer glatten Masse verarbeiten. Diese zu Bällchen formen und in den beiseitegestellten Nüssen wälzen. Für 2 Stunden kühl stellen.

CARROT CAKE BALLS

Karottenkuchenbällchen für sehr glückliche und gesunde Ostern - oder einfach fürs ganze Jahr!

FÜR 10-12 BÄLLCHEN
1 mittelgroße Karotte
200 g Medjool-Datteln
45 g Cashewkerne
20 g Kokosraspel + ewas mehr zum Dekorieren
1 Msp. Bourbon-Vanillepulver
1 TL gemahlener Zimt

SO GEHT'S
Die Karotte fein reiben. Zusammen mit den übrigen Zutaten in einem Mixer zu einer glatten Masse verarbeiten. Zu Bällchen rollen und in den Kokosraspeln wälzen. Für 2 Stunden kühl stellen.

WALNUT BROWNIE BALLS

Diese Walnuss-Brownie-Bällchen sind ein schneller Genuss ohne schlechtes Gewissen. Der schokoladige, volle Geschmack ist einzigartig - wie ein Brownie, aber eben gesünder.

FÜR 10-12 BÄLLCHEN
200 g Walnusskerne
30 g rohes Kakaopulver
1 Msp. Bourbon-Vanillepulver
Meersalz
200 g Medjool-Datteln

SO GEHT'S
Zunächst die Walnusskerne in einem Mixer fein mahlen.

Zusammen mit den übrigen Zutaten alles zu einer glatten Masse verarbeiten. Ist sie zu fest, 1-2 EL Wasser hinzugeben. Die Masse zu Bällchen rollen und für 2 Stunden kühl stellen.

MANGO BERRY BALLS
HAZELNUT NOUGAT BALLS
WALNUT BROWNIE BALLS
CARROT CAKE BALLS

COCONUT BLISS BALLS

Absolut himmlische Kokosbällchen!

FÜR 10-12 BÄLLCHEN
120 g Cashewkerne
80 g Kokosraspel
12 Medjool-Datteln
1 EL Cashewmus
1 Msp. Bourbon-Vanillepulver

SO GEHT'S
Alle Zutaten in einem Mixer sorgfältig vermengen und zerkleinern. Die Masse zu Bällchen formen und sofort genießen oder bis zu 7 Tage im Kühlschrank aufbewahren.

MANGO BERRY BALLS

Mango, Dattel, Himbeere - ein absolutes Dreamteam!

FÜR 10-12 BÄLLCHEN
60 g Kokosöl
50 g getrocknete Mango
4 Medjool-Datteln
80 g Kokosraspel
+ 40 g zum Wälzen
1 Msp. Bourbon-Vanillepulver
20 g gefriergetrocknete Himbeeren

SO GEHT'S
Das Kokosöl auf kleiner Stufe schmelzen. Die Mango und die Datteln in einem Mixer zerkleinern. Alle Zutaten und 1 EL Wasser (und mehr nach Bedarf) zu einer glatten Masse verarbeiten. Diese zu Bällchen formen und für 1-2 Stunden kühl stellen.

PUMPKIN ENERGY BALLS

Hier ist eine Snackalternative ohne Datteln. Diese Kürbiskernbällchen sind so lecker und eignen sich super für einen schnellen Snack oder als Mini-Dessert.

FÜR 10-12 BÄLLCHEN
180 g Haselnusskerne
1 EL Kokosöl
80 ml Ahornsirup
60 g Kokosraspel
120 g Kürbiskerne
2 EL rohes Kakaopulver

SO GEHT'S
Die Haselnusskerne 10 Minuten bei 180 °C im Backofen rösten.

Das Kokosöl in einer mikrowellengeeigneten Schüssel oder auf dem Herd schmelzen.

Alle Zutaten in einem Mixer sorgfältig vermengen und zerkleinern. Wenn die Textur zu fest erscheint, langsam 1 EL Wasser hinzufügen.

Die Masse zu Bällchen formen und für 1-2 Stunden kühl stellen.

DETOXAPPROVED
werden die Kürbiskern-Energy-Balls ohne Ahornsirup oder wenn anstelle des Ahornsirups Dattelsirup verwendet wird.

MANGO BLISS BALLS

Diese Mangobällchen sind der perfekte Snack - nicht nur für den Sommer. Mit nur wenigen Zutaten zauberst du dir den Geschmack von Urlaub auf die Zunge.

FÜR 10-12 BÄLLCHEN
60 g Kokosöl
50 g getrocknete Mango
4 Medjool-Datteln
80 g Kokosraspel
+ 40 g zum Wälzen
1 Msp. Bourbon-Vanillepulver

SO GEHT'S
Das Kokosöl in einer mikrowellengeeigneten Schüssel oder auf dem Herd schmelzen. Die Mango und die Datteln in einem Mixer zerkleinern.

Das Kokosöl, die zerkleinerten Mangosstücke und Datteln, 80 g Kokosraspel und das Bourbon-Vanillepulver vermengen und 1 EL Wasser (und mehr nach Bedarf) hinzufügen. Die Masse zu Bällchen formen, in den übrigen Kokosraspeln wälzen und für 1-2 Stunden kühl stellen.

TIPP
Probier unbedingt auch die Version mit gefriergetrockneten Himbeeren aus.

BERRY BLISS BALLS

Genuss in Perfektion: Schoko-Erdbeer-Kugeln! Ich liebe die Kombination aus Schokolade und fruchtiger Erdbeere in Verbindung mit Haselnusskernen. Unschlagbar gut! Und: Mit getrockneten Himbeeren schmecken diese sommerlichen Pralinen auch richtig gut, probiere unbedingt beide Varianten aus.

FÜR 10-12 BÄLLCHEN

40 g gefriergetrocknete Erdbeeren
12 Medjool-Datteln
120 g Hasel- oder Pekannusskerne
120 g Mandel- oder Walnusskerne
25 g rohes Kakaopulver
2 EL Mandelmus
1 Msp. Bourbon-Vanillepulver

SO GEHT'S

Die Erdbeeren in einem Mixer zerkleinern und 2 EL davon beiseitestellen. Den Rest mit allen übrigen Zutaten in einem Mixer sorgfältig vermengen und zerkleinern. Die Masse zu Bällchen formen, in den beiseitegestellten Erdbeeren wälzen und sofort genießen oder bis zu 7 Tage im Kühlschrank aufbewahren.

TIPP

Das schöne rote Pulver, das beim Zerkleinern der Erdbeeren entsteht, eignet sich sehr gut für die Dekoration verschiedener Desserts oder Bowls.

ERDBEER-JOGHURT-SCHOKORIEGEL

Zur Erinnerung an den absoluten Lieblingsschokoriegel aus meiner Kindheit – am besten genießt du ihn direkt aus dem Kühlschrank, vor allem im Sommer!

FÜR CA. 20 STÜCK
120 g Erdbeeren
120 g Joghurt nach Wahl (z. B. Kokosjoghurt)
20 g gepuffte Quinoa oder Mandelsplitter
120 g vegane dunkle Schokolade

SO GEHT'S

Für die Joghurtmischung die Erdbeeren fein würfeln und mit dem Joghurt vermengen. Die gepuffte Quinoa oder die Mandelsplitter hinzufügen und alles gut vermengen.

Die Schokolade über einem Wasserbad schmelzen. Darauf achten, die Schokolade nicht zu überhitzen, damit sie gleichmäßig schmilzt.

So viel geschmolzene Schokolade in für kleine Riegel geeignete Silikonförmchen gießen, dass der Boden gleichmäßig bedeckt ist. Nun die Joghurt-Erdbeer-Quinoa-Mischung auf der geschmolzenen Schokolade in den Förmchen verteilen.

Die restliche geschmolzene Schokolade über die Joghurtmischung gießen, sodass die gesamte Oberfläche mit Schokolade bedeckt ist.

Die Silikonförmchen in den Kühlschrank stellen und die Masse etwa 2 Stunden fest werden lassen.

Die Riegel aus den Förmchen nehmen und sofort genießen oder bis zum Verzehr im Gefrierfach aufbewahren.

TIPP

Falls du keine geeignete Form zur Hand hast, gibt es eine alternative Methode:

Mithilfe eines Esslöffels kleine Kleckse der Joghurt-Erdbeer-Mischung auf einem mit Backpapier ausgelegten Teller verteilen und den Teller dann für 1-2 Stunden einfrieren.

Sind die Kleckse gefroren, mit der geschmolzenen Schokolade überziehen. Danach erneut im Gefrierschrank oder im Kühlschrank fest werden lassen.

Sobald die Schokolade fest ist, die kleinen Erdbeer-Schoko-Kleckse vorsichtig von der Unterlage lösen und genießen.

ERDNUSS-SCHOKO-DATTELN

ACHTUNG: Suchtgefahr! Hier ist das Rezept für den ultimativen Genuss.

FÜR CA. 20 STÜCK
20 Medjool-Datteln
20 TL Cashewmus, Erdnussbutter oder Mandelmus
1 großzügige Handvoll Erdnüsse (oder Puffreis)
50 g vegane dunkle Schokolade
Meersalzflocken

SO GEHT'S

Die Datteln entkernen und mit jeweils ½–1 TL Cashewmus, Erdnussbutter oder Mandelmus befüllen.

Die Erdnüsse grob hacken und die Datteln damit bestreuen.

Die Schokolade über einem Wasserbad schmelzen. Auf den gefüllten Datteln verteilen und mit Meersalzflocken bestreuen. Die Datteln für 1 Stunde kühl stellen und danach sofort genießen oder bis zu 7 Tage im Kühlschrank aufbewahren.

DETOXAPPROVED

wird das Rezept ohne Erdnüsse und Erdnussbutter. Keine Sorge, es schmeckt trotzdem köstlich.

HAFERRIEGEL

Diese Haferriegel sind die absoluten Lieblinge meiner Tochter. Mit nur einer Handvoll Zutaten sind sie so simpel und köstlich. Ich mag sie am liebsten am nächsten Tag aus dem Kühlschrank - meine Tochter isst sie dagegen mit Vorliebe lauwarm.

FÜR CA. 8 STÜCK
100 g grobe Haferflocken
100 g feine Haferflocken
2 EL Chiasamen
1 TL gemahlener Zimt
60 ml geschmolzenes Kokosöl
200 ml Apfelmus
2 EL Ahornsirup
(oder mehr nach Belieben)
vegane Schokoladentropfen, Trockenfrüchte, Nüsse und Nussmus (optional)

SO GEHT'S

Den Backofen auf 180 °C Ober-/Unterhitze vorheizen.

Alle Zutaten miteinander vermengen und in eine mit Backpapier ausgelegte Auflaufform drücken.

Die Masse auf der mittleren Schiene 20–25 Minuten im vorgeheizten Backofen backen. Herausnehmen und auf einem Kuchenrost vollständig abkühlen lassen. In Riegel von beliebiger Größe schneiden und sofort genießen oder bis zu 7 Tage im Kühlschrank aufbewahren.

MARMORBANANENBROT

Ich liebe Marmorkuchen und ich liebe Bananenbrot - also wurde es höchste Zeit für eine Kombination der beiden. Sie ist perfekt zum Frühstück oder als Snack.

FÜR 1 BANANENBROT
2 reife Bananen
60 g Kokosöl
80 ml Ahornsirup
65 ml Mandeldrink
1 Msp. Bourbon-Vanillepulver
210 g glutenfreies Mehl
(ich verwende 120 g Hafermehl und 100 g Mandelmehl)
1 TL Backpulver
½ TL Backnatron
¼ TL Meersalz

Für den Schokoladenwirbel
3 EL rohes Kakaopulver
2 EL Ahornsirup
2 EL Mandeldrink

SO GEHT'S
Den Backofen auf 180°C Ober-/Unterhitze vorheizen. Eine Kastenform einfetten oder mit Backpapier auslegen.

Zunächst die Bananen mithilfe einer Gabel zerdrücken. Währenddessen das Kokosöl in einer mikrowellengeeigneten Schüssel oder auf dem Herd schmelzen.

Nun die zerdrückten Bananen, das geschmolzene Kokosöl, den Ahornsirup, den Mandeldrink und das Bourbon-Vanillepulver verrühren, bis alles gut vermengt ist.

In einer separaten Schüssel das Mehl, das Backpulver, das Natron und das Salz vermischen.

Anschließend die trockenen Zutaten nach und nach zu den feuchten Zutaten geben und verrühren, bis ein glatter Teig entsteht.

In einer weiteren Schüssel den Schokoladenstrudel zubereiten. Hierfür das Kakaopulver, den Ahornsirup und den Mandeldrink zu einer Schokoladensauce verrühren. Beiseitestellen.

Die Hälfte des Bananenbrotteigs in die vorbereitete Brotbackform füllen und die Hälfte der Kakaomischung darüberträufeln. Dann den restlichen Teig auf der Schokoladenschicht verstreichen.

Die zweite Hälfte der Kakaomischung auf den Teig geben und mit einem Messer oder einem Holzspieß die Schokolade und den Bananenteig vorsichtig miteinander vermengen, um einen Marmorierungseffekt zu erzielen.

Das Marmorbananenbrot auf der mittleren Schiene im vorgeheizten Backofen 45–50 Minuten backen.

Nach dem Backen etwa 10 Minuten in der Form abkühlen lassen und dann auf einen Kuchenrost stürzen, damit es vollständig abkühlen kann.

Zum Servieren in Scheiben schneiden und genießen!

KARAMELBREZELCHEN

Keine Zeit zu backen? Kein Problem!
Hier kommen die besten ungebackenen Kekse, die alle beeindrucken werden!

FÜR CA. 20 STÜCK

Für die Karamellfüllung
- 12 Medjool-Datteln
- 80 g Erdnussbutter
- 1-2 EL pflanzliche Milch
- 1 Msp. Bourbon-Vanillepulver

Für die Brezelchen
- 100 g glutenfreie Knabberbrezeln
- 100 g vegane dunkle Schokolade

SO GEHT'S

Für die Karamellfüllung die Datteln 5 Minuten in heißes Wasser einweichen. Danach abtropfen lassen und klein schneiden.

Mit allen anderen Zutaten für die Füllung in einem Mixer fein pürieren, bis eine glatte Masse entsteht.

Die Hälfte der Knabberbrezelchen auf ein mit einem Backpapier ausgelegten Backblech verteilen und auf jede Brezel 1 TL Karamellfüllung geben. Diese dann mit einer weiteren Brezel bedecken.

Die Schokolade über einem Wasserbad schmelzen.

Die Brezelchen mit etwas geschmolzener Schokolade beträufeln und in den Kühlschrank stellen, damit die Schokolade nicht schmilzt. FERTIG. So lecker!!!

TIPP

Probiere das Rezept auch mal mit Haselnussmus anstelle der Erdnussbutter!

KNUSPRIGES HASELNUSSKONFEKT

Diese kleinen Schokoladenbomben sind der Wahnsinn. Schmecken besser als der bekannte Klassiker in Kugelform und sind dazu noch gesünder, denn sie kommen ohne raffinierten Zucker und ohne Palmöl aus. Ich mache sie manchmal zweimal pro Woche ... Vielleicht sogar dreimal ...

FÜR CA. 20 STÜCK
50 g Haselnusskerne
100 g vegane dunkle Schokolade
60 g Haselnussmus, Mandelmus oder Erdnussbutter
3 EL gepuffte Quinoa
1 Msp. Bourbon-Vanillepulver

SO GEHT'S

Den Backofen auf 180 °C Ober-/Unterhitze vorheizen.

Die Haselnusskerne auf der mittleren Schiene im Backofen etwa 8–10 Minuten rösten.

Währenddessen die Schokolade über einem Wasserbad schmelzen.

Dann alle Zutaten vermischen und gut umrühren. Die Masse in kleine Silikonformen gießen. Im Kühlschrank aufbewahren und fest werden lassen. Einfach köstlich!

CRUNCHY COCONUT BARS

Meine Leidenschaft ist es, klassische Schokoladen-spezialitäten in gesunde Versionen umzuwandeln. In diesem Fall: die gesündere Variante des bekannten Schokoriegels. Knusprige Kokosraspel, umhüllt von dunkler Schokolade.

FÜR CA. 20 STÜCK

Für die Kokosfüllung
170 g Kokosraspel
120 ml Kokoscreme
(der dickflüssige Teil aus
einer Dose Kokosmilch)
60 ml Ahornsirup
1 Msp. Bourbon-Vanillepulver
1 Msp. Meersalz

Für den Schokoladenüberzug
200 g vegane dunkle Schokoladen-chips

SO GEHT'S

Für die Kokosfüllung die Kokosraspel, die Kokoscreme, den Ahornsirup, das Bourbon-Vanillepulver und das Salz vermengen.

Eine rechteckige Backform mit Backpapier auslegen und dabei einen kleinen Überstand lassen, damit du die Riegelchen später leichter herausnehmen kannst. Die Kokosmischung in die Form geben und fest und gleichmäßig andrücken. Im Kühlschrank etwa 2 Stunden fest werden lassen.

Sobald die Kokosfüllung fest ist, aus der Form nehmen. Auf ein Schneidebrett legen und in Riegel von gewünschten Größe schneiden. Die Schokolade über einem Wasserbad schmelzen. Gut umrühren.

Die Kokosriegel in die geschmolzene Schokolade tauchen. Achte darauf, dass jeder Riegel gleichmäßig mit Schokolade überzogen ist. Du kannst eine Gabel benutzen, dann geht es leichter.

Die überzogenen Riegel auf einen mit Backpapier ausgelegten Teller legen und die Kokosriegel entweder 15–30 Minuten im Gefrierschrank oder 1 Stunde im Kühlschrank fest werden lassen.

DETOXAPPROVED
werden die Riegel ohne Ahornsirup oder wenn du Dattelsirup anstelle des Ahornsirups verwendest.

CRUNCHY PEANUT BARS

Die Kombination aus Erdnüssen, Cornflakes und dunkler Schokolade ist einfach genial!

FÜR CA. 12 STÜCK

Für die Erdnussbutterschicht
40 g Erdnüsse
20 g ungesüßte Cornflakes
120 g Erdnussbutter oder Mandel- oder Cashewmus
60 ml Ahorn- oder Dattelsirup
2 EL Mandelmehl

Für die Karamellfüllung
12 Medjool-Datteln
80 g Erdnussbutter oder Haselnussmus
1-2 EL pflanzliche Milch
1 Msp. Bourbon-Vanillepulver

SO GEHT'S

Die Erdnüsse hacken und mit den Cornflakes vermengen. In einer separaten Schüssel die Erdnussbutter, den Ahornsirup und das Mandelmehl miteinander vermengen, bis eine klebrige Masse entsteht. Die Erdnussbuttermischung zu den zerkleinerten Erdnüssen und Cornflakes geben. Alles gut vermengen.

Anschließend die Masse in eine mit Backpapier ausgelegte Form geben und fest andrücken, um eine gleichmäßige Schicht zu erhalten. Kühl stellen.

Für die Karamellfüllung die Medjool-Datteln 5 Minuten in heißem Wasser einweichen. Danach abtropfen lassen und mit der Erdnussbutter, der pflanzlichen Milch und dem Bourbon-Vanillepulver pürieren, bis eine glatte Karamellmasse entsteht. Diese gleichmäßig über die Erdnussbutterschicht gießen. Die Form in den Kühschrank stellen und die Schichten mindestens 2 Stunden fest werden lassen.

Wenn die Schichten fest sind, die Masse aus der Form nehmen und in Riegel schneiden.

Zum Schluss die Schokolade über einem Wasserbad schmelzen und die Riegel damit überziehen. Die Riegel auf Backpapier legen, damit die Schokolade fest wird.

TIPP

Probiere die Karamellfüllung unbedingt auch mal mit Haselnussmus!

BROWNIES

Diese Brownies mit schwarzen Bohnen sind unglaublich lecker. Warum schwarze Bohnen? Schwarze Bohnen enthalten von Natur aus viel Eiweiß (fast so viel wie eine kleine Portion Hühnchen) und viele Ballaststoffe. Ich verspreche, dass du sie nicht schmecken wirst!!!

FÜR 1 BACKFORM

1 Dose gekochte schwarze Bohnen
2 EL gemahlene Leinsamen
60 ml Kokosöl
1 Msp. Bourbon-Vanillepulver
30 g rohes Kakaopulver
150 g Kokosblütenzucker
½ TL Backpulver
¼ TL Salz
120 g vegane dunkle Schokoladenchips

SO GEHT'S

Den Backofen auf 200 °C Ober-/Unterhitze vorheizen. Eine rechteckige Backform einfetten oder mit Backpapier auslegen.

Die Bohnen spülen und abtropfen lassen. Die Leinsamen mit 60 ml heißem Wasser übergießen und 5–10 Minuten quellen lassen.

In einer großen Schüssel alle Zutaten außer den Schokoladenchips zu einem glatten Teig vermischen.

Anschließend die Schokoladenchips hinzugeben und unter den Teig rühren.

Den Teig in die vorbereitete Backform geben und auf der mittleren Schiene im vorgeheizten Ofen 20–25 Minuten backen. Mithilfe der Stäbchenprobe prüfen, ob die Brownies fest, aber in der Mitte noch leicht feucht sind. Aus dem Ofen nehmen und vor dem Servieren abkühlen lassen.

TIME FOR COOKIES

Schwer zu sagen, welche Version meine liebste ist ... Da die Kekse so schnell gemacht sind, empfehle ich: UNBEDINGT alle drei Versionen testen! Die Kekse schmecken noch lauwarm, aber auch am nächsten Tag direkt aus dem Kühlschrank.

DETOXAPPROVED
werden alle Cookies ohne Ahornsirup oder wenn anstelle des Ahornsirups Dattelsirup verwendet wird.

SCHOKOLADEN-PLÄTZCHEN

FÜR CA. 12 KEKSE

2 EL Kokosöl
220 g Mandelmehl
1 Msp. Bourbon Vanillepulver
5 TL Ahornsirup
1 EL rohes Kakaopulver
2 EL vegane Schokoladentropfen
50 g vegane dunkle Schokolade (optional)

SO GEHT'S

Den Backofen auf 180 °C Ober-/ Unterhitze vorheizen. Das Kokosöl auf kleiner Stufe schmelzen.

Alle Zutaten vermengen. Der Teig sollte feucht sein, bei Bedarf esslöffelweise etwas Wasser hinzufügen. Dann aus dem Teig etwa zwölf Kugeln rollen, diese zu Keksen flach drücken und auf einem mit Backpapier belegten Backblech verteilen.

Die Kekse auf der mittleren Schiene im vorgeheizten Backofen 8–10 Minuten backen. Aus dem Ofen nehmen und vollständig abkühlen lassen. Nach Belieben mit etwas geschmolzener Schokolade beträufeln.

CHOCOLATE CHIP COOKIES

FÜR CA. 12 KEKSE

2 EL Kokosöl
220 g Mandelmehl
1 Msp. Bourbon-Vanillepulver
5 TL Ahornsirup
2 EL vegane Schokoladentropfen
50 g vegane dunkle Schokolade (optional)

SO GEHT'S

Den Backofen auf 180 °C Ober-/ Unterhitze vorheizen. Das Kokosöl auf kleiner Stufe schmelzen.

Alle Zutaten vermengen. Der Teig sollte feucht sein, bei Bedarf esslöffelweise etwas Wasser hinzufügen. Dann aus dem Teig etwa zwölf Kugeln rollen, diese zu Keksen flach drücken und auf einem mit Backpapier belegten Backblech verteilen.

Die Kekse auf der mittleren Schiene im vorgeheizten Backofen 8–10 Minuten backen. Aus dem Ofen nehmen und vollständig abkühlen lassen. Nach Belieben mit etwas geschmolzener Schokolade beträufeln.

SNICKER-DOODLES

FÜR CA. 12 KEKSE

1 EL Kokosblütenzucker
1 TL gemahlener Zimt
2 EL Kokosöl
220 g Mandelmehl
1 Msp. Bourbon-Vanillepulver
5 TL Ahornsirup

SO GEHT'S

Den Backofen auf 180 °C Ober-/ Unterhitze vorheizen. Das Kokosöl auf kleiner Stufe schmelzen.

Den Kokosblütenzucker und den Zimt in einer kleinen Schale verrühren.

Alle übrigen Zutaten vermengen. Der Teig sollte feucht sein, bei Bedarf esslöffelweise etwas Wasser hinzufügen. Dann aus dem Teig etwa zwölf Kugeln rollen und diese in der Zucker-Zimt-Mischung wälzen. Die Kugeln zu Keksen flach drücken und auf einem mit Backpapier belegten Backblech verteilen.

Auf der mittleren Schiene im vorgeheizten Backofen 8–10 Minuten backen. Aus dem Ofen nehmen und vollständig abkühlen lassen.

REGISTER

DANKE

An dich, Mom. Du bist das Herz und die Seele meiner Existenz, und ohne dich wäre ich nicht der Mensch, der ich heute bin.

An meine Familie in Deutschland - eure Liebe und euer Interesse bestärken mich unendlich.

An meine NYC-Family - it takes a village. Nie ohne euch.

An meine MO•AI-Community - so dankbar, dass ihr da seid! Jede einzelne Nachricht lässt mein Herz hüpfen.

An dich - ich unterstütze dich gerne auf deinem Weg! Und freue mich immer riesig über Erfahrungen und Feedback. Melde dich auch sehr gerne, wenn du Fragen hast. Du erreichst mich per E-Mail unter svenja@moainewyork.com.

ÜBER DIE AUTORIN

Svenja Ostwald hat 10 Jahre als Modedesignerin für große Unternehmen gearbeitet. Sie liebte ihren Job über alles, musste aber feststellen, dass lange Arbeitszeiten und enormer Stress auch ihre Kehrseiten haben. Als sie im Jahr 2015 nach New York zog, wo sie auch heute mit ihrer Familie lebt, drosselte sie das Tempo und beschäftigte sich viel mit Yoga und Meditation. Nach der Geburt ihrer beiden Töchter wollte sie zudem mehr über das Thema Ernährung lernen und ließ sich am IIN NYC ausbilden. Heute arbeitet sie als Health Coach und zeigt ihrer Community mit MO•AI NY, ihrer erfolgreichen Marke auf Instagram und darüber hinaus, dass es wirklich Spaß macht, ein gesundes Leben zu führen.

IMPRESSUM

Produktmanagement: Britta Bettendorf
Redaktion: Lena Denu
Korrektorat: Franziska Sorgenfrei
Layout & Satz: Kim Aichholz, studio zitrone
Umschlaggestaltung: Dominik Günzinger
Repro: LUDWIG:media
Herstellung: Julia Hegele

Printed in Poland by CGS Printing

Rezepte & Texte: Svenja Ostwald
Fotografie: JJ Ignotz
Foodstyling: Justin Demafelis

Unser komplettes Programm finden Sie unter
www.christian-verlag.de

★★★★★

Sind Sie mit diesem Titel zufrieden? Dann würden wir uns über ihre Weiterempfehlung freuen.
Erzählen Sie es im Freundeskreis, berichten Sie Ihrem Buchhändler, oder bewerten Sie bei Onlinekauf. Und wenn Sie Kritik, Korrekturen, Aktualisierungen haben, freuen wir uns über Ihre Nachricht an

Christian Verlag,
Postfach 40 02 09, D-08702 München
oder per E-Mail an
lektorat@verlagshaus.de

Alle Angaben dieses Werkes wurden von der Autorin sorgfältig recherchiert und auf den neuesten Stand gebracht sowie vom Verlag geprüft. Für die Richtigkeit der Angaben kann jedoch keine Haftung übernommen werden, weshalb die Nutzung auf eigene Gefahr erfolgt. Sollte dieses Werk Links auf Webseiten Dritter enthalten, so machen wir uns die Inhalte nicht zu eigen und übernehmen für die Inhalte keine Haftung.

In diesem Buch wird aus Gründen der besseren Lesbarkeit das generische Maskulinum verwendet. Weibliche und anderweitige Geschlechteridentitäten werden dabei ausdrücklich mitgemeint, soweit es für die Aussage erforderlich ist.

Die Deutsche Nationalbibliothek verzeichnet diese Publikation in der Deutschen Nationalbibliografie; detaillierte bibliografische Daten sind im Internet über http://dnb.d-nb.de abrufbar.

2. Auflage 2024

Infanteriestraße 11a
80797 München

ISBN: 978-3-95961-860-1

Ebenfalls erhältlich ...

ISBN 978-3-95961-656-0

ISBN 978-3-95961-657-7

ISBN 978-3-95961-644-7

ISBN 978-3-95961-822-9

CHRISTIAN

www.christian-verlag.de